오늘부터 한 줄 폴란드어

-유지비악 조 안나 지음-

ECK Books

오늘부터
한 줄 폴란드어

초판인쇄 2024년 08월 01일

지은이 유지비악 조 안나(Jóźwiak Cho Anna)
펴낸이 임승빈
펴낸곳 ECK북스
출판사 등록번호 제 2020-000303호
출판사 등록일자 2000. 2. 15
주소 서울시 마포구 창전로2길 27 [04098]
대표전화 02-733-9950 | **이메일** eck@eckedu.com

제작총괄 염경용
편집책임 정유항, 김하진 | **편집진행** 이승연
디자인 다원기획 | **영상** 김선관
마케팅 이서빈, 최혜인 | **영업** 이동민, 김미선 | **인쇄** 북토리

ISBN 979-11-6877-339-4
정가 18,000원

ECK교육 | 세상의 모든 언어를 담다

기업출강 · 전화외국어 · 비대면교육 · 온라인강좌 · 교재출판 · 통번역센터 · 평가센터

ECK교육 www.eckedu.com
ECK온라인강좌 www.eckonline.kr
ECK북스 www.eckbook.com

유튜브 www.youtube.com/@eck7687
네이버 블로그 blog.naver.com/eckedu
페이스북 www.facebook.com/ECKedu.main
인스타그램 @eck__official

머리말

폴란드와 한국은 지리적으로 멀리 떨어져 있지만, 최근 양국 간 교류가 점점 늘어나고 있습니다. 특히 세계 정세 변화에 따라 폴란드와의 비즈니스 관계가 더욱 깊어지고 있습니다. 폴란드는 영어 능력에서 세계 상위권에 속하는 나라 중 하나로, 대부분 영어로도 소통이 가능합니다. 그러나 서툴지만 짧은 표현이라도 폴란드어를 사용하려는 노력을 보인다면 현지인들과 더 깊은 관계를 형성할 수 있을 것입니다. 비즈니스나 여행 중이라면, 어려운 표현이 아니더라도 짧은 한 줄 표현으로 일상생활에서 활용해 보고 변화를 느껴보시길 추천합니다.

「오늘부터 한 줄 폴란드어」는 폴란드어가 처음인 학습자들도 쉽고 재미있게 공부할 수 있도록 일상생활, 비즈니스, 여행 등에서 자주 사용되는 간단한 표현들로만 구성했습니다. 문법 내용은 초보자도 이해하기 쉬운 필수적인 요소만 다루었으며, 폴란드어의 한글 발음도 원어민 발음에 가깝게 표기하여 폴란드어를 몰라도 바로 읽을 수 있도록 준비했습니다.

「오늘부터 한 줄 폴란드어」를 집필하기까지 많은 분들의 도움이 있었습니다. 특히, 이 책의 출판 기회를 주신 ECK교육 임승빈 대표님께 감사의 말씀을 전합니다. 아울러 늘 좋은 아이디어와 많은 조언을 주시며 더 나은 교재가 될 수 있도록 꼼꼼히 편집해 주신 이승연 실장님과 정유항 팀장님, 김하진 대리님께 감사의 인사를 드립니다. 또한 바쁜 와중에도 책의 첫 학습자가 되어 준 남편 조용욱 씨와 사진 작업에 도움을 주신 Aleksandra Demianiuk, 폴란드어 교사이며 집필에 도움을 주신 저희 어머니를 비롯하여 집필 과정에서 아낌없는 응원과 격려를 해준 사랑하는 가족들에게 고마움을 표합니다.

저자 **유지비악 조 안나**
Jóźwiak Cho Anna

이 책의 **구성과 특징**

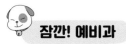

잠깐! 예비과

본 학습에 들어가기 전 기본적으로 알아야 할 폴란드어의 알파벳과 발음, 어순 등을 알아봅니다.

무조건 외우자!

폴란드어의 인칭대명사와 숫자 및 날짜와 요일 등을 알아봅니다. 미리 외워두면 폴란드어가 더욱 쉬워집니다.

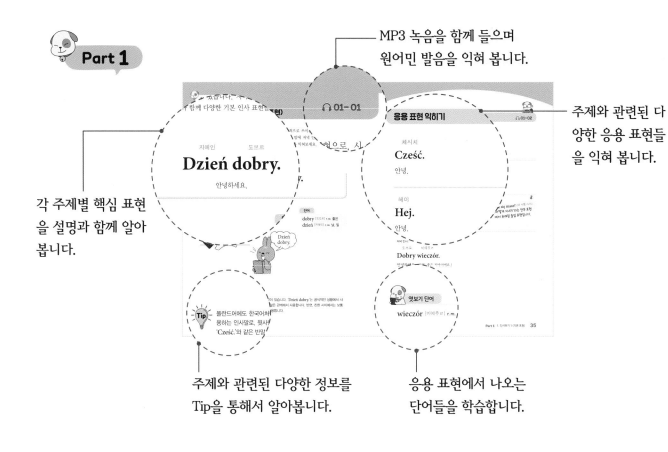

Part 1

MP3 녹음을 함께 들으며 원어민 발음을 익혀 봅니다.

주제와 관련된 다양한 응용 표현들을 익혀 봅니다.

각 주제별 핵심 표현을 설명과 함께 알아봅니다.

주제와 관련된 다양한 정보를 Tip을 통해서 알아봅니다.

응용 표현에서 나오는 단어들을 학습합니다.

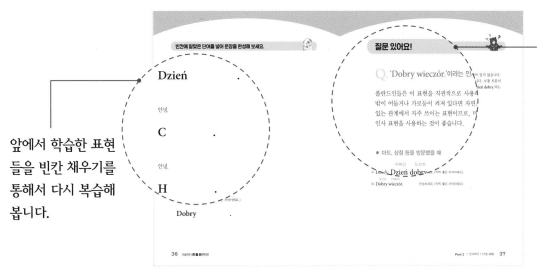

폴란드어에 관한 다양한 궁금증을 풀어 보고 일상생활에서 필요한 여러 가지 정보들을 알아봅니다.

앞에서 학습한 표현들을 빈칸 채우기를 통해서 다시 복습해 봅니다.

5

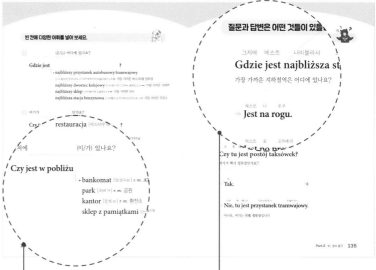

핵심 표현에서 대체 가능한
단어들을 대입시켜 다양한
표현을 익혀 봅니다.

학습한 문장에서 대체 가능
한 단어들을 대입시켜 다양
한 표현을 익혀 봅니다.

간단한 회화가 가능하도록
학습한 응용 표현으로 다양
한 응답 표현을 알아봅니다.

폴란드 문화를 이해할 수 있도
록 한국과 다른 독특한 도로명
표지판과 대중교통 이용 등 폴
란드 여행 시 알아두면 유용한
정보 등을 알아봅니다.

MP3 다운로드 방법

본 교재의 MP3 파일은 www.eckbooks.kr에서 무료로 다운로드 받을 수 있습니다.
QR 코드를 찍으면 다운로드 페이지로 이동합니다.

목 차

Part 1 필수 표현 익히기

Part 2 생활 표현 익히기

잠깐!
예비과

Naprzód!!

1 알파벳과 발음

■ 알파벳

폴란드어의 알파벳은 영어 알파벳과 비슷하지만, 폴란드어에만 있는 특수 문자(ą, ć, ę, ł, ń, ó, ś, ź, ż) 9개를 포함하여 모음 9자와 자음 23자로 이루어진 총 32자로 구성되어 있습니다.

알파벳	명칭	알파벳	명칭
A a	아	N n	엔
Ą ą	옹	Ń ń	에인
B b	베	O o	오
C c	쩨	Ó ó	우
Ć ć	치에	P p	페
D d	데	R r	에르
E e	에	S s	에ㅅ
Ę ę	엥	Ś ś	에시
F f	에ㅍ	T t	테
G g	기에	U u	우
H h	하	W w	ㅂ우
I i	이	Y y	이그렉
J j	요트	Z z	젵
K k	카	Ź ź	지엩
L l	엘	Ż ż	쥍
Ł ł	에우	: 자음(spółgłoska)	
M m	엠	: 모음(samogłoska)	

■ 발음

⑴ 모음(9자)

9개의 모음에는 구두모음(a, e, i, o, u=ó, y)과 비음모음(ą, ę)이 있으며, u는 'u'와 'ó' 두 가지 형태로 쓸 수 있지만 같은 소리를 냅니다.

🎧 00-02

알파벳		발음
A a	아	한국어의 [ㅏ] 발음이 납니다. apteka [앞테카] 약국　　　　　alfabet [알파벳] 알파벳
Ą ą	옹	한국어의 [옹] 발음이 납니다. * 어중에 있을 경우에는 '온, 옴, 옹'으로 발음하기도 합니다. wąsy [봉스] 수영　　　　　ząb [종ㅍ] 치아
E e	에	한국어의 [ㅔ] 발음이 납니다. ekran [에크란] 화면　　　　　efekt [에페크트] 효과
Ę ę	엥	한국어의 [엥] 발음이 납니다. * 말하는 사람의 말투나 취향에 따라 다르게 쓰입니다. 어중에 있을 경우에는 [엔] 또는 [엥]으로, 어미에 있을 경우에는 [에]로 발음하기도 합니다. ręka [렝카] 손　　　　　mężczyzna [멩쉬츠즈나] 남자
I i	이	한국어의 [ㅣ] 발음이 납니다. indyk [인득] 칠면조　　　　　imię [이미엥] 이름
O o	오	한국어의 [ㅗ] 발음이 납니다. okolica [오콜리짜] 주변　　　　　owoc [오보쯔] 과일
Ó ó	우	한국어의 [ㅜ] 발음이 납니다. ogórek [오구레크] 오이　　　　　król [크룰] 왕
U u	우	한국어의 [ㅜ] 발음이 납니다. ul [울] 벌통　　　　　uczeń [우체인] 학생
Y y	으	한국어의 [ㅡ] 발음이 납니다. buty [부트] 신발(들)　　　　　muzyka [무즈카] 음악

🎧 00-03

알파벳		발음
B b	ㅂ	한국어의 [ㅂ] 발음이 납니다. * 자음 [b]는 그 앞뒤에 무성음이 나타날 때 무성음화가 되며, 어미에 있을 때도 무성음으로 변화됩니다. 이런 경우에는 [ㅍ(p)]로 발음합니다. 17p. 참고 banan [바난] 바나나　　　　　autobus [아우토부스] 버스
C c	ㅉ	한국어의 [ㅉ] 발음이 납니다. cena [쩨나] 가격　　　　　córka [쭈르카] 딸
Ć ć	치	한국어의 [치] 발음이 납니다. ćma [치마] 나방　　　　　kiść [키시치] 다발
D d	ㄷ	한국어의 [ㄷ] 발음이 납니다. * 자음 [d]는 그 앞뒤에 무성음이 나타날 때 무성음화가 되며, 어미에 있을 때도 무성음으로 변화됩니다. 이런 경우에는 [ㅌ(t)]로 발음합니다. 17p. 참고 dom [돔] 집　　　　　duży [두즈으] 큰
F f	ㅍ, ㅎ(f)	한국어의 [ㅍ, ㅎ] 발음이 납니다. fabryka [파브르카] 네 번째　　　　　film [휠름] 영화
G g	ㄱ	한국어의 [ㄱ] 발음이 납니다. * 자음 [g]는 그 앞뒤에 무성음이 나타날 때 무성음화가 되며, 어미에 있을 때도 무성음으로 변화됩니다. 이런 경우에는 [ㅋ(k)]로 발음합니다. 17p. 참고 gwiazda [그비아즈다] 별　　　　　góra [구라] 산
H h	ㅎ	한국어의 [ㅎ] 발음이 납니다. herbata [헤르바타] 차　　　　　huśtawka [후시타프카] 그네
J j	ㅣ:	한국어의 [ㅣ:] 발음이 납니다. jabłko [야부코] 사과　　　　　jajko [야이코] 계란 * [j]는 [이]와 비슷한 발음이기 때문에 [ja]는 [야]로 발음합니다.
K k	ㅋ	한국어의 [ㅋ] 발음이 납니다. kot [코트] 고양이　　　　　kobieta [코비에타] 여자

L l	ㄹ(l)	한국어의 [ㄹ] 발음이 납니다.	
		lody [로드] 아이스크림	lato [라토] 여름

Ł ł	ㅜ	한국어의 [ㅜ] 발음이 납니다.	
		ławka [왑흐카] 벤치	ładny [와드느] 이쁜
		* [우]와 [아]를 빨리 말하면 [와] 발음과 비슷하게 들리며, w는 무성화가 자주됩니다.	

M m	ㅁ	한국어의 [ㅁ] 발음이 납니다.	
		mapa [마파] 지도	mąka [몽카] 밀가루

N n	ㄴ	한국어의 [ㄴ] 발음이 납니다.	
		noga [노가] 다리	nazwisko [나즈비스코] 성

Ń ń	니/인	한국어의 [니/인] 발음이 납니다.	
		cienie [치에니에] 그림자들	dłoń [드워인] 손바닥
		* [우]와 [오]를 빨리 발음하면 [워] 발음과 비슷하게 들립니다.	

P p	ㅍ	한국어의 [ㅍ] 발음이 납니다.	
		Polska [폴스카] 폴란드	piłka [피우카] 공

R r	ㄹ(r)	한국어의 [ㄹ] 발음이 납니다.	
		rodzina [로지나] 가족	rok [로크] 년, 해

S s	ㅅ	한국어의 [ㅅ] 발음이 납니다.	
		sok [소크] 주스	samochód [사모후트] 자동차

Ś ś	시/쉬	한국어의 [시/쉬] 발음이 납니다.	
		świat [쉬휘아트] 세계	środa [시로다] 수요일

T t	ㅌ	한국어의 [ㅌ] 발음이 납니다.	
		tata [타타] 아빠	torba [토르바] 가방

W w	ㅂ(v)	한국어의 [ㅂ] 발음이 납니다.	
		* 자음 [w]는 그 앞뒤에 무성음이 나타날 때 무성음화가 되며, 어미에 있을 때도 무성음으로 변화됩니다. 이런 경우에는 [ㅎ(f)]로 발음합니다. 17p. 참고	
		woda [보다] 물	wakacje [바카치에] 방학

Z z	ㅈ	한국어의 [ㅈ] 발음이 납니다. * 자음 [z]는 그 앞뒤에 무성음이 나타날 때 무성음화가 되며, 어미에 있을 때도 무성음으로 변화됩니다. 이런 경우에는 [ㅅ(s)]로 발음합니다. **17p. 참고** zamek [자메ㅋ] 섬 zupa [주파] 수프
Ź ź	지	한국어의 [지] 발음이 납니다. źle [질레] 나쁘게 źrebak [지레바ㅋ] 망아지
Ż ż	즈	한국어의 [즈] 발음이 납니다. żaba [즈아바] 개구리 żyrafa [즈라파] 기린

(3) 단일 문자 (이중음자 二重音字)

🎧 00-04

알파벳		발음
ch	ㅎ	한국어의 [ㅎ] 발음이 납니다. chleb [흘래ㅍ] 빵 choroba [호로바] 병
cz	ㅊ	한국어의 [ㅊ] 발음이 납니다. czapla [찹라] 왜가리 czekolada [체콜라다] 초콜릿
dz	ㅈ	한국어의 [ㅈ] 발음이 납니다. dzwon [즈봉] 종 jedzenie [예제니에] 음식
dź	지	한국어의 [지] 발음이 납니다. dźwięk [지뷔엥크] 소리 dźwig [지비ㅋ] 크레인
dż	즈	한국어의 [즈] 발음이 납니다. dżokej [조케이] 기수 (경마) dżuma [주마] 전염병 (페스트)
rz	즈	한국어의 [즈] 발음이 납니다. rzepa [제파] 무 dobrze [도브제] 좋게
sz	슈/쉬 (sh)	한국어의 [슈/쉬] 발음이 납니다. szkoła [쉬코와] 학교 wszystko [후슈스트코] 다, 모든 것, 전부

* 자음의 특별한 발음

자음은 유성자음(b, d, dz, dź, dż, g, w, z, ź, ż)과 무성자음(c, ć, cz, f, h, k, p, s, ś, sz, t)으로 구분할 수 있습니다. 자음은 앞뒤 자음의 발음에 영향을 받아 유성자음에서 무성자음으로 또는 무성자음에서 유성자음으로 변화할 수 있습니다.

① 유성자음 → 무성자음

유성자음 앞뒤에 위치한 무성자음의 영향을 받아 무성자음으로 변화합니다.

유성자음	변화	무성자음으로 발음
przepraszam	prz → psz	[pszepraszam] (나는) 미안하다
sweter	sw → sf	[sfeter] 니트
walizka	zk → sk	[waliska] 가방
ławka	wk → fk	[łafka] 벤치

② 무성자음 → 유성자음

무성자음 앞뒤에 위치한 유성자음의 영향을 받아 유성자음으로 변화합니다.

무성자음	변화	유성자음으로 발음
prośba	śb → źb	[proźba] 부탁
liczba	czb → dżb	[lidżba] 숫자

③ 유성자음 → 무성자음

유성자음은 어미에 위치하여 무성자음으로 변화합니다.

어미에 위치한 유성자음	변화	무성자음으로 발음
talerz	rz → sz	[talesz] 접시
nóż	ż → sz	[nusz] 칼
lew	w → f	[lef] 사자
kod	d → t	[kot] 코드

* 폴란드어의 ó는 항상 u로 발음됩니다.

⑷ **발음 구별 부호**

연자음 위의 **kreska**[크레스카]는 발음 구별 부호(´) 또는 **i** 문자로 표시합니다. 5개의 연자음인 **ć, ń, ś, ź, dź**(단일 문자)는 위치나 다음에 오는 음에 따라 쓰는 방법이 달라집니다.

① 어미 또는 다른 자음 앞에 올 때는 ć, ń, ś, ź, dź로 쓰입니다.

ćwierć [치피에르치] 1/4   **kość** [코시치] 뼈

koń [코인] 말   **tańce** [타인체] 춤(여러 종류/다수의 춤)

ktoś [크토시] 누가   **śliczny** [실리츠느] 예쁜

źrebak [지레바크] 망아지   **dźwig** [지비크] 크레인

② i 모음 앞에서는 kreska가 없어지고 c, n, s, z, dz으로 쓰입니다.

cisza [치샤] 조용함

niski [니스키] 낮은

siła [시와] 힘

zimny [지므느] 차가운

rodzic [로지쯔] 부모

③ a, ą, e, ę, o, ó, u 모음 앞에서는 kreska 발음 구별 부호 없이 c, n, s, z, dz 뒤에 i를 사용하여 ci, ni, si, zi, dzi로 쓰입니다.

ciasto [치아스토] 케이크

nie [니에] 아니

siedem [시에뎀] 7

ziemia [지에먀] 대지, 땅, 지구

dziadek [지아덱] 할아버지

② 기본 어순

폴란드어 문장의 어순은 영어와 비슷하기 때문에 한국어와 다릅니다.

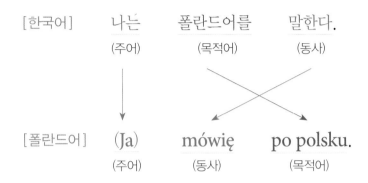

③ 대문자 사용

(1) 문장의 시작 : 문장이 시작될 때 첫 단어의 첫 글자를 대문자로 씁니다.

Ona lubi kawę.   그녀는 커피를 좋아해요.

Lubię uprawiać sport.   난 운동을 좋아해.

(2) 이름 : 사람의 이름, 동물이나 기관, 조직, 회사 등의 이름은 대문자로 시작합니다.

Jinsoo Kim   김 진수

Jan Kowalski   얀 코왈스키

Polska Akademia Nauk   폴란드 과학 아카데미

(3) 고유명사 : 사람 이름, 지명, 국가명, 도시명 등 고유명사는 대문자로 시작합니다.

Korea Południowa 대한민국, Polska 폴란드, Seul 서울

Warszawa 바르샤바, Koreańczyk 한국 남자, Polak 폴란드 남자

④ 격식체와 비격식체

폴란드어는 격식체와 비격식체로 나뉩니다. 격식체는 공식적인 상황에서 상대방에 대한 존경과 예의를 표현하기 위해 사용되며 주로 낯선 사람, 사회적 지위가 높은 사람, 고령자와의 대화에서 사용됩니다. 비격식체는 친근하고 편안한 상황에서 사용되는 비공식적인 말투입니다. 주로 친구, 가족 또는 동등한 사회적 지위를 가진 사람들 사이에서 사용됩니다. 격식체가 공손한 존댓말이라면, 비격식체는 반말로 볼 수 있습니다.

● 격식체

(1) 상대방이 한 명일 경우 : 단수형

pan [판]	상대가 남성일 때 부르는 호칭
pani [파니]	상대가 여성일 때 부르는 호칭

pan과 pani에 해당하는 동사는 반드시 3인칭 단수형으로 활용해야 합니다.

<table>
<tr><td>약 시엥 판 나즈바
Jak się pan nazywa?</td><td>당신의 이름은 (풀네임) 무엇입니까?</td></tr>
<tr><td>약 마 파니 나 이미엥
Jak ma pani na imię?</td><td>당신의 이름은 무엇입니까?</td></tr>
</table>

(2) 상대방이 두 명 이상일 경우 : 복수형

panowie [파노비에]	(pan + pan)	상대가 남성 (두 명 이상)
panie [파니에]	(pani + pani)	상대가 여성 (두 명 이상)
państwo [파인스트포]	(pan + pani)	상대가 남성과 여성 (두 명 이상)

panowie, panie, państwo에 해당하는 동사는 반드시 3인칭 복수형으로 활용해야 합니다.

약　시엥　파노비에　　나즈봐용

Jak się panowie nazywają?　　당신들의 이름은 (풀네임) 무엇입니까?

약　마용　파니에　나　이미엥

Jak mają panie na imię?　　당신들의 이름은 무엇입니까?

그제　　파인스트포　미슈카용

Gdzie państwo mieszkają?　　당신들은 어디에 삽니까?

● 비격식체

비공식적인 상황에서는 상대방을 부를 때 서로의 이름이나 ty(2인칭 단수)와 wy(2인칭 복수)를 사용
하여 서로를 부릅니다. 문장에서는 보통 같은 이름이나 대명사를 여러 번 반복해서 사용하지 않고,
2인칭 동사 형태로 나타냅니다.

약　　시엥　나즈봐슈

Jak (ty) się nazywasz?　　(너의) 이름이 (풀네임) 뭐니?

약　　마쉬　나　이미엥

Jak (ty) masz na imię?　　(너의) 이름이 뭐니?

그지에　　　미슈카체

Gdzie (wy) mieszkacie?　　(너희는) 어디에 살아?

⑤ 강세

폴란드어 강세는 일반적으로 단어의 뒤에서 두 번째 음절에 있지만, 경우에 따라 세 번째 음절에 강세가 있는 경우도 있습니다.

(1) 동사의 과거 복수형 중, 1인칭과 2인칭인 경우

1인칭과 2인칭 복수형에서는 동사의 강세가 뒤에서 세 번째 음절에 옵니다.

myśleliśmy [므실레리시므] (우리는) 생각했다

prosiliście [프로실리시체] (너희는) 부탁했다

(2) 동사의 조건법인 경우 (3인칭 단수와 복수)

조건법 형태에서는 3인칭 단수와 복수 동사의 강세가 뒤에서 세 번째 음절에 옵니다.

zrobiłabym [즈로비와븜] (나는) 했을 텐데

myśleliby [므실레리브] (그들은) 생각했을 텐데

(3) 라틴어에서 유래된 명사인 경우

라틴어에서 유래된 명사 중 몇몇 단어는 강세가 뒤에서 세 번째 음절에 옵니다.

gramatyka [그라마트카] 문법

matematyka [마테마트카] 수학

logika [로기카] 논리

(4) 2음절 숫자인 경우

「2음절 기수 + -kroć, -sta, -set」 어미로 구성된 숫자에도 강세가 뒤에서 세 번째 음절에 옵니다.

siedemset [시에뎀세트] 700

⑥ 명사의 성

폴란드어의 명사는 '남성/여성/중성 명사(복수는 남성 명사와 비남성 명사)'로 구분됩니다. 명사의 성(性)에 따라 형용사, 지시대명사, 동사의 형태가 달라지기 때문에 어떤 성의 명사를 사용하고 있는지를 알아두는 것이 중요합니다.

약어

남성 : **rodzaj męski** [로자이 멩스키]	→	*r. m.*	
여성 : **rodzaj żeński** [로자이 제인스키]	→	*r. ż.*	
중성 : **rodzaj nijaki** [로자이 니야키]	→	*r. n.*	

명사의 성은 어미로 알 수 있습니다.

(1) 남성 명사 : 자음으로 끝나는 명사

student [스투덴트] *r. m.* 학생   **lekarz** [레카쉬] *r. m.* 의사

pies [피에스] *r. m.* 개   **kot** [코트] *r. m.* 고양이

stół [스투우] *r. m.* 테이블   **samochód** [사모후드] *r. m.* 자동차

* 모음 **a**로 끝나는 예외

    kolega [콜레가] *r. m.* 친구   **sędzia** [셴쟈] *r. m.* 판사

(2) 여성 명사 : 모음 a, i로 끝나는 명사

kobieta [코비에타] *r. ż.* 여자   **studentka** [스투덴트카] *r. ż.* 여학생

pani [파니] *r. ż.* 여성 호칭   **kotka** [코트카] *r. ż.* 암컷 고양이

żyrafa [즈라파] *r. ż.* 기린   **książka** [크숀슈카] *r. ż.* 책

torba [토르바] *r. ż.* 가방

* 모음, 자음으로 끝나는 예외

    noc [노쯔] *r. ż.* 밤   **sól** [술] *r. ż.* 소금

(3) **중성 명사** : 모음 o, e, ę 또는 um로 끝나는 명사

dziecko [지에쯔코] *r. n.* 아이   **źrebię** [지레비엥] *r. n.* 망아지

mięso [미엥소] *r. n.* 고기   **słońce** [스워인쩨] *r. n.* 태양

muzeum [무제움] *r. n.* 박물관   **stypendium** [스투펜디움] *r. n.* 장학금

7 명사의 수

폴란드어의 명사는 단수와 복수로 구분됩니다.

	남성	여성	중성
단수	student [스투덴트] 학생	kobieta [코비에타] 여자	dziecko [지에쯔코] 아이
복수	studenci [스투덴치] 학생들	kobiety [코비에트] 여자들	dzieci [지에치] 아이들

8 명사의 격

폴란드어는 조사가 없습니다. 대신, 동사와 전치사에 따라 형용사 및 명사의 어미 형태가 변화되어 조사 역할을 합니다. 이를 '격변화'라고 하며, '주격, 소유격, 여격, 목적격, 기구격, 장소격, 호격'으로 총 7개의 격이 있습니다.

격	남성	여성	중성
주격(이/가)	student [스투덴트]	kobieta [코비에타]	okno [오크노]
소유격(의)	studenta [스투덴타]	kobiety [코비에트]	okna [오크나]
여격(에게)	studentowi [스투덴토비]	kobiecie [코비에체]	oknu [오크누]

목적격(을/를)	studenta [스투덴타]	kobietę [코비에텡]	okno [오크노]
기구격(로/으로)	studentem [스투덴템]	kobietą [코비에통]	oknem [오크넴]
장소격(에서/에)	studencie [스투덴체]	kobiecie [코비에체]	oknie [오크니에]
호격	studencie [스투덴체]	kobieto [코비에토]	okno [오크노]

폴란드어의 형용사는 서술하는 명사의 성, 수, 격을 따릅니다. 영어에서 형용사가 사람이나 사물의 특성을 나타내듯이 폴란드어에서도 형용사를 사용해서 속성을 설명합니다. 하지만 폴란드어에서는 형용사가 수식하는 명사의 성, 수, 격에 따라서 형용사의 형태도 함께 변하기 때문에 해당 명사에 맞게 형용사를 바르게 사용해야 합니다.

	남성	여성	중성
단수	duży dom [두즈 돔] 큰 집	duża góra [두쟈 구라] 큰 산	duże dziecko [두제 지에쯔코] 큰 아이
복수	duże domy [두제 도므] 큰 집들	duże góry [두제 구르] 큰 산들	duże dzieci [두제 지에치] 큰 아이들

Damy rade!

무조건

외우자!

Naprzód!!

① 인칭대명사

폴란드어의 주격(원형) 인칭대명사를 알아봅시다.

	단수형		복수형	
1인칭	ja [야] 나		my [므] 우리들	
2인칭	ty [트] 너		wy [브] 너희들	
3인칭	on [온] 그	pan [판] 당신(남)	oni [오니] 그들	panowie [파노비에] 당신들(남)
	ona [오나] 그녀	pani [파니] 당신(여)	one [오네] 그녀들/이것들	panie [파니에] 당신들(여)
	ono [오노] 이것		państwo [파인스트보] 당신들(남+여)	

⑴ **ty**는 친한 사람에게 사용하는 2인칭 단수의 호칭이며, **pan/pani**는 공식적인 상황에서 사용하는 3인칭 단수의 호칭입니다.

⑵ **wy**는 친한 사람에게 사용하는 2인칭 복수의 호칭이며, **panowie/panie/państwo**는 공식적인 상황에서 사용하는 3인칭 복수의 호칭입니다.

	호칭	예시
wy	너를 포함한 두 사람 이상	ty i ty → wy
panowie	나, 너를 포함하지 않은 두 남자 이상	pan i pan → panowie
panie	나, 너를 포함하지 않은 두 여자 이상	pani i pani → panie
państwo	나, 너를 포함하지 않은 두 사람 이상	pan i pani → państwo

* pan/pani를 사용할 때는 동사도 3인칭 단수형태로 활용해야 하며, panowie/panie/państwo를 표현할 때는 동사도 3인칭 복수형태로 활용해야 합니다.

⑶ 폴란드어는 동사가 주어의 인칭에 맞춰 변화하기 때문에 동사의 형태만 보고도 주어를 알 수 있습니다. 그러한 이유로 1인칭과 2인칭 단수 및 복수의 주어는 주로 생략해서 쓰이지만, 3인칭 주어는 생략하지 않습니다.

② 숫자 (서수 및 기수)

폴란드어의 숫자는 '기수'와 '서수'가 있습니다. 특이한 점은 서수가 성(남성, 여성, 중성)에 따라 형태가 달라집니다.

	기수	서수		
		남성	여성	중성
1	jeden [예덴] jedna [예드나] jedno [예드노]	pierwszy [피에르브쉬]	pierwsza [피에르브샤]	pierwsze [피에르브세]
2	dwa [드바] dwie [드비에]	drugi [드루기]	druga [드루가]	drugie [드루계]
3	trzy [트쉬]	trzeci [트셰치]	trzecia [트셰챠]	trzecie [트셰체]
4	cztery [츠테르]	czwarty [츠퐈르트]	czwarta [츠퐈르타]	czwarte [츠퐈르테]
5	pięć [피엥치]	piąty [피옹트]	piąta [피옹타]	piąte [피옹테]
6	sześć [셰시치]	szósty [슈스트]	szósta [슈스타]	szóste [슈스테]
7	siedem [시에뎀]	siódmy [슈드므]	siódma [슈드마]	siódme [슈드메]
8	osiem [오셈]	ósmy [우스므]	ósma [우스마]	ósme [우스메]
9	dziewięć [지에벵치]	dziewiąty [지에봉트]	dziewiąta [지에봉타]	dziewiąte [지에봉테]
10	dziesięć [지에셍치]	dziesiąty [지에숑트]	dziesiąta [지에숑타]	dziesiąte [지에숑테]

포프로솅 예덴 빌레트 도 바르샤브
Poproszę jeden bilet do Warszawy.

바르샤바행 표 한 장 주세요.

맘 드비에 쇼스트르
Mam dwie siostry.

나는 두 명의 자매가 있어요.

테라스 예스트 츠퐈르타 고지나
Teraz jest czwarta godzina.

지금 4시예요.

토 무이 트셰치 라스 ㅎ 폴스쩨
To mój trzeci raz w Polsce.

폴란드는 이번이 세 번째예요.

③ 달, 월

월(miesiąc)을 표기할 때는 문장의 첫 번째 단어로 오는 경우 이외에는 모두 소문자로 쓰며, 날짜를 말할 때는 월의 형태가 주격에서 소유격으로 변화합니다.

월	주격	소유격	월	주격	소유격
1월	styczeń [스트체인]	stycznia [스트츠냐]	7월	lipiec [리폐쯔]	lipca [리프짜]
2월	luty [루트]	lutego [루테고]	8월	sierpień [시에르폐인]	sierpnia [시에르프냐]
3월	marzec [마제쯔]	marca [마제짜]	9월	wrzesień [브제세인]	września [브제시냐]
4월	kwiecień [크휘에체인]	kwietnia [크휘에트냐]	10월	październik [파지제르닉]	października [파지제르니카]
5월	maj [마이]	maja [마야]	11월	listopad [리스토파트]	listopada [리스토파다]
6월	czerwiec [체르볘쯔]	czerwca [체르브짜]	12월	grudzień [그루제인]	grudnia [그루드냐]

크투르 예스트 지샤이 지시 지에인
Który jest dzisiaj/dziś dzień? 오늘은 며칠입니까?   * dzisiaj = dziś (오늘)

지샤이 예스트 피에르브쉬 스트츠냐
➡ **Dzisiaj jest pierwszy stycznia.**   오늘은 1월 1일입니다.

지샤이 예스트 피옹트 마야
➡ **Dzisiaj jest piąty maja.**   오늘은 5월 5일입니다.

✎ 날짜에는 서수가 쓰입니다.

날짜는 '일-월-연도' 순서로 쓰며, 날짜를 표기하는 방법은 3가지 방법이 있습니다.

2024년 8월 15일

● 말하기

우스므 시에르프니아 드바 트숑쩨 드부지에스테고 츠파르테고 로쿠
ósmy sierpnia dwa tysiące dwudziestego czwartego roku

● 쓰기 : 3가지 방법

① 숫자+점(.)

가장 보편적인 방법으로, 아라비아 숫자로 표기하고 점으로 구분합니다.

15.08.2024

② 아라비아 숫자＋로마 숫자

'일'과 '연도'는 아라비아 숫자로 표기하고 '월'은 로마 숫자로 표기합니다.

15 VIII 2024

③ 혼합

'일'과 '연도'는 아라비아 숫자로 표기하고 '월'은 월 이름으로 혼합하여 표기합니다.

15 sierpnia 2024

폴란드어에서 날짜를 표기할 때는 보통 rok(년)의 약어인 'r.'을 사용합니다. 이 약어는 날짜 뒤에 공백을 두고 쓰며, 마지막에는 마침표를 붙입니다.

15.08.2024 r.　　　15 VIII 2024 r.

 요일

요일(dzień tygodnia)을 표기할 때는 문장의 첫 번째 단어로 오는 경우 이외에는 모두 소문자로 씁니다.

월요일	poniedziałek [포니에쟈웨ㅋ]	금요일	piątek [피옹테ㅋ]
화요일	wtorek [프토레ㅋ]	토요일	sobota [소보타]
수요일	środa [시로다]	일요일	niedziela [니에젤라]
목요일	czwartek [츠파르테ㅋ]		

야키 예스트 　지샤이 　지시 　지에인
Jaki jest dzisiaj/dziś dzień?　　오늘은 무슨 요일입니까?

　　　　지샤이 　예스트 　　포니에쟈웨ㅋ
➡ **Dzisiaj jest poniedziałek.**　　　오늘은 월요일입니다.

　　　　지시 　예스트 　소보타
➡ **Dziś jest sobota.**　　　　오늘은 토요일입니다.

1

필수 표현
익히기

Naprzód!!!

인사하기 1 (기본 표현)

🎧 01-01

'Dzień dobry.'는 어딘가에 방문했을 때 가장 일반적으로 쓰이는 인사 표현으로, 시간 관계없이 자유롭게 사용할 수 있습니다. 저녁 또는 밤에 저녁 인사로 자주 쓰이는 'Dobry wieczór.' 표현과 함께 다양한 기본 인사 표현을 익혀보세요.

핵심 표현

지에인   도브르
Dzień dobry.

안녕하세요.

단어

dobry [도브르] *r. m.* 좋은
dzień [지에인] *r. m.* 날, 일

Dzień dobry.

Tip 폴란드어에도 한국어처럼 반말과 존댓말이 있습니다. 'Dzień dobry.'는 공식적인 상황에서 사용하는 인사말로, 윗사람 또는 친밀하지 않은 관계에서 사용합니다. 반면, 친한 사이에서는 보통 'Cześć.'와 같은 반말 형태의 인사말을 사용합니다.

체시치

Cześć.

안녕.

헤이

Hej.

안녕.

시에마

Siema.

안녕.

'Jak się masz? [약 시엥 마쉬]
(어떻게 지내?)'라는 안부 표현
에서 유래된 줄임 표현입니다.

저녁 인사 :

도브르　　비에추ㄹ

Dobry wieczór.

안녕하세요. (직역: 좋은 저녁이에요.)

 엿보기 단어

wieczór [비에추ㄹ] *r. m.* 저녁

안녕하세요.

Dzień   .

안녕.

C   .

안녕.

H   .

안녕.

S   .

저녁 인사 : 안녕하세요. (직역: 좋은 저녁이에요.)

Dobry   .

Q. 'Dobry wieczór.'이라는 인사는 몇 시부터 하나요?

폴란드인들은 이 표현을 직관적으로 사용하므로, 정확한 시간대가 지정되어 있지 않습니다. 밖이 어둡거나 가로등이 켜져 있다면 자연스럽게 저녁 인사 표현을 사용합니다. 보통 친분이 있는 관계에서 자주 쓰이는 표현이므로, 마트나 상점 등의 판매원에게는 'Dzień dobry.'라는 인사 표현을 사용하는 것이 좋습니다.

● 마트, 상점 등을 방문했을 때

          지에인   도브르

A: Dzień dobry.   안녕하세요.

          지에인   도브르

B: Dzień dobry.   안녕하세요.

● 저녁/밤에 지인을 만났을 때

          도브르   비에추르

A: Dobry wieczór.   안녕하세요. (직역: 좋은 저녁이에요.)

          도브르   비에추르

B: Dobry wieczór.   안녕하세요. (직역: 좋은 저녁이에요.)

인사하기 2 (만났을 때)

🎧 01-03

'Miło mi.'는 처음 만난 상대에게 반가움을 표현하는 일반적인 인사 표현으로, 'Miło mi poznać. [미워 미 포즈나치]'의 줄임 표현입니다. 반말과 존댓말에 상관없이 모든 상황에서 사용할 수 있으며, 영어의 'I am pleased.'와 같은 의미입니다.

핵심 표현

미워   미

Miło mi.

만나서 반가워요.

단어

miło [미워] 좋게
mi [미] 나에게

Miło mi.

Mnie
również.

Tip

● 구면일 때 사용하는 인사 표현

반말 : **Miło cię widzieć.** [미워 치엥 뷔제치] 만나서 반가워.

존댓말 : **Miło pana/panią widzieć.** [미워 파나/파니용 뷔제치]
당신을 만나게 되어 반갑습니다.

응용 표현 익히기   🎧 01-04

바르조   미   미워
Bardzo mi miło.

만나서 매우 반가워요.

미워   미   파나   파뇽   포즈나치
Miło mi pana/panią poznać.

당신을 만나게 되어 반갑습니다.

> 📌 상대가 남자인 경우에는 pana를, 여자인 경우에는 panią을 사용합니다.

미워   치엥   비제치
Miło cię widzieć.

만나서 반가워. (직역: 너를 보니 좋아.)

> 📌 ●격식체 변환
> cię 대신 pana/panią를 사용합니다.
> Miło pana/panią widzieć.
> 만나서 반갑습니다.

체셍   시엥   제   치엥   비젱
Cieszę się, że cię widzę.

만나서 반가워. (직역: 너를 보니 기뻐.)

> ※ 격식체 :
> Cieszę się, że pana/panią widzę.
> 만나서 반갑습니다.

 엿보기 단어

bardzo [바르조] 매우
pana [파나] r. m. (남) 당신을
panią [파뇽] r. ż. (여) 당신을
poznać [포즈나치] 만나다, 알게 되다

cię [치엥] 너를
widzieć [비제치] 보다
cieszę się [체셍 시엥] (나는) 기뻐하다
widzę [비젱] (나는) 보다

만나서 반가워요.

Miło   .

만나서 매우 반가워요.

mi miło.

당신을 만나게 되어 반갑습니다.

Miło mi   poznać.

↳ 상대방의 성별에 맞게 넣어 보세요.

만나서 반가워. (직역: 너를 보니 좋아.)

Miło   widzieć.

만나서 반가워. (직역: 너를 보니 기뻐.)

Cieszę się, że   .

질문 있어요!

Q. 'Miło mi.'의 답변은 어떻게 하나요?

'Miło mi.'라고 동일한 표현으로 답할 수도 있지만, 활용도 높고 반가움을 담은 답변으로 'Mnie również.(나도 반가워요/기뻐요.)'가 있습니다. 이 문장은 상대방이 존댓말로 말했다면 존댓말의 의미로 해석되고, 반말로 말했다면 반말의 의미로 해석됩니다.

● 중립적 표현

미워   미
A: Miło mi.   만나서 반가워요.

므니에   루브니에쉬
B: Mnie również.   나도 그래요.   (＊mnie = mi)

● 존댓말 : 격식체

미워   미   파나   파뇽   포즈나치
A: Miło mi pana/panią poznać.   당신을 만나게 되어 반갑습니다.

므니에   루브니에쉬
B: Mnie również.   저도 반갑습니다.

● 반말 : 친한 사이에서

미워   미   치엥   포즈나치
A: Miło mi cię poznać.   너를 만나서 반가워.

므니에   루브니에쉬
B: Mnie również.   나도 그래.

인사하기 3 (헤어질 때)

🎧 01-05

'Do widzenia.'는 '다음에 볼 때까지'의 뜻으로, 헤어질 때 하는 가장 대중적인 이별 인사 표현입니다. 공손함이 강조된 뉘앙스의 표현이므로 친한 사이보다 마트나 상점 등의 직원들이 고객에게 사용하거나 비즈니스 상황에서 상대방에게 헤어짐의 인사 표현으로 자주 사용합니다.

핵심 표현

도　　　　　비제니아

Do widzenia.

안녕히 가세요.

단어

do [도] ~에, ~까지
widzenia
[비제니아] 시야, 보기

Do widzenia.

도　　조바체니아
Do zobaczenia.

나중에 봐요. (직역: 다음에 볼 때까지.)

※ 영어의 'See you.'와 같은 의미입니다.

나　라지에
Na razie.

다음에 또 봐.

※ 친한 사이에서 사용합니다.

파　　체시치
Pa. = Cześć.

안녕.

헤어질 때 인사 표현으로
'Cześć [체시치] (안녕)'도
자주 쓰입니다.

※ Pa. : Pa pa의 줄임 표현입니다.

밤 인사 :

도브라노쯔
Dobranoc.

안녕히 주무세요.

 엿보기 단어

zobaczenia [조바체니아] *r. n.* (누구를) 보는 것

안녕히 가세요.

Do   .

나중에 봐요. (직역: 다음에 볼 때까지.)

Do   .

다음에 또 봐.

Na   .

안녕.

P   . = **C**   .

밤 인사 : 안녕히 주무세요.

D   .

질문 있어요!

Q. 'Dobranoc.'라는 밤 인사 표현은 언제 하나요?

'Dobranoc.'는 늦은 밤에 친한 사이 또는 지인과 헤어질 때 쓰이는 인사 표현입니다. 상점 직원이 손님에게 또는 윗사람 및 친분이 없거나 공손한 표현이 필요한 경우에는 'Do widzenia.'라고 인사합니다.

● 윗사람 또는 상점 직원이 손님에게

도　비제니아
A: Do widzenia.　　　　안녕히 가세요.

도　비제니아
B: Do widzenia.　　　　안녕히 계세요.

> 같은 인사 표현을 사용하지만, 받는 쪽에서는 '안녕히 계세요'의 의미로 이해할 수 있습니다.

● 잠자기 전

도브라노쯔
A: Dobranoc.　　　　안녕히 주무세요. (= 좋은 밤이에요.)　　　[존댓말]

도브라노쯔
B: Dobranoc.　　　　잘 자. (= 좋은 밤이에요.)　　　[반말]

✎ 두 표현 모두 영어의 'Good night.'과 같은 의미입니다.

 지식 플러스

● Miłego dnia!

'Miłego dnia!'는 영어 'Have a nice day.'의 번역용으로, 요즘 폴란드인들이 헤어질 때 흔히 쓰는 인사 표현입니다. miłego(좋은) 뒤에 시간대를 붙여서 상대방에게 좋은 하루 또는 좋은 시간이 되기를 기원하는 의미로 쓰입니다.

Miłego dnia! [미왜고 드냐]　　　　　좋은 하루(보내세요)!

Miłego popołudnia/wieczoru/weekendu! [미왜고 포포우우드냐/비에초루/위켄두]

좋은 오후/저녁/주말(보내세요)!

자기소개하기

🎧 01-07

자신을 소개할 때는 '나는 ~이다'의 뜻을 가진 jestem으로 간단하게 자신을 표현할 수 있습니다. 「Jestem＋이름/성별/국적/직업」 구조를 활용하여 간단하게 자신을 소개해 보세요.

핵심 표현

예스템　　　　민수
Jestem Minsu.

나는 민수입니다.

자신의 이름을 빈칸에 넣어 연습해 보세요.

단어

jestem [예스템] (나는) ~이다

● 폴란드에서 인기 있는 이름

남자 이름	여자 이름
Piotr [피오트르]	Anna [안나]
Krzysztof [크쉬스토프]	Maria [마리아]
Andrzej [안드제이]	Katarzyna [카타쥐나]
Tomasz [토마쉬]	Małgorzata [마우고자타]
Jan [얀]	Agnieszka [아그니에쉬카]

↪ 여자 이름과 남자 이름은 (명사처럼) 어미로 구분할 수 있습니다. 여자 이름은 '-a'로 끝 나고 남자 이름은 '자음'으로 끝납니다.

Tip　● 주어 생략

폴란드어의 동사는 인칭에 따라 변화하기 때문에, 주어가 ja(나)일 때 동사변화형은 jestem으로 정해져 있습니다. jestem만으로 주어가 '나'인지 알 수 있으므로, 보통 주어는 생략합니다.

Ja jestem Minsu. → Jestem Minsu.　　　나는 민수입니다.

예스템　　　　코레아인츠켐

Jestem Koreańczykiem.

나는 한국 남자입니다.

예스템　　　　코레안콩

Jestem Koreanką.

난 한국 여자입니다.

예스템　　　　인쥐니에렘

Jestem inżynierem.

나는 엔지니어입니다.

> inżynier는 남성 명사지만, 남/여 구분 없이 사용하는 직업명입니다.

예스템　　　　스투덴템　　　　스투덴트콩

Jestem studentem/studentką.

나는 남학생/여학생입니다.

 엿보기 단어

Koreańczykiem [코레아인츠켐] *r. m.* 한국 남자 (이다)

Koreanką [코레안콩] *r. ż.* 한국 여자 (이다)

inżynierem [인쥐니에렘] *r. m.* 엔지니어 (이다)

studentem [스투덴템] *r. m.* 남학생 (이다)

studentką [스투덴트콩] *r. ż.* 여학생 (이다)

나는 ○○입니다.

Jestem   .

↳ 자신의 이름을 넣어 보세요.

나는 한국 남자입니다.

Jestem   .

난 한국 여자입니다.

Jestem   .

나는 엔지니어입니다.

Jestem   .

나는 남학생/여학생입니다.

Jestem   .

↳ 말하는 이의 성별에 맞게 넣어 보세요.

Q. 자기소개 할 때 쓸 수 있는 다른 표현도 있나요?

Jestem 표현 이외에도 'nazywam się'과 'mam na imię'을 활용한 격식체 표현과 반말 표현
이 있습니다.

● 존댓말 : 격식체

> **Nazywam się + 이름 + 성(姓)**
>
> ↳ 폴란드어로 이름을 말할 때는 성(姓)을 이름 뒤에 붙입니다.

　　　약　시엥　판　　나제바
A: **Jak się pan nazywa?**　　　　　　　　　　당신의 이름은 무엇입니까?

　　　나제밤　　시엥　민수　　리　아　파니
B: **Nazywam się Minsu Lee. A pani?**　　　나는 이민수입니다. 당신은요?

　➡ A pan/pani?

　　'Jak się pan/pani nazywa?' 또는 'Jak ma pan/pani na imię?' 등의 질문을
　　줄인 표현입니다. 상대방에게 같은 질문을 되물을 때 쓰입니다.

● 반말 : 친한 사이에서

> **Mam na imię + 이름**

　　약　　마쉬　나　이미엥
A: **Jak masz na imię?**　　　　　　　　　네 이름이 뭐니?

　　맘　나　이미엥　민수　아　트
B: **Mam na imię Minsu. A ty?**　　　　내 이름은 민수야. 너는?

　➡ A ty?

　　'A ty jak masz na imię?' 또는 'A ty jak się nazywasz?' 등의 질문을 줄인
　　표현입니다. 상대방에게 같은 질문을 되물을 때 쓰입니다.

안부 묻기

🎧 01-09

'Co słychać?'는 직역하면 '무엇이 들리니?'가 되지만, '어떻게 지내요?, 잘 지내요?'
라는 의미로 쓰입니다. 지인 또는 오랜만에 만난 상대방의 안부를 물을 때 사용하며,
다양한 상황에서 활용할 수 있는 인사 표현입니다. 이외에 다양한 안부 표현들도 함께
익혀보세요.

핵심 표현

쪼   수으하치

Co słychać?

잘 지내요?

단어

co [쪼] 무엇
słychać [수으하치]
듣다, 들리다

Co
słychać?

약　시엥　마쉬

Jak się masz?

어떻게 지내?

※ 영어의 'How are you?'와 같은 의미입니다.

약　시엥　판　파니　마

Jak się pan/pani ma?

당신은 어떻게 지냅니까?

쪼　우　치에비에

Co u ciebie?

잘 지내니?

약　시엥　추예쉬

Jak się czujesz?

기분이 어때?

● 응용 표현
dzisiaj/dziś [지시샤이/지시] 오늘
Jak się dzisiaj/dziś czujesz?
오늘 기분이 어때?

엿보기 단어

jak [약] 어떻게
masz [마쉬] (너는) 가지다

ma [마] (그/그녀/이것) 가지다
czujesz się [추예쉬 시엥] (너는) 느끼다

잘 지내요?

Co   **?**

어떻게 지내?

Jak   **?**

당신은 어떻게 지냅니까?

Jak się   **ma?**

↳ 상대방의 성별에 맞게 넣어 보세요.

잘 지내니?

              u ciebie?

기분이 어때?

Jak   **?**

질문 있어요!

Q. 'Co słychać?'라는 표현을 공식적인 자리에서도 사용할 수 있나요?

'Co słychać?'는 공식적인 자리에서 정중한 표현으로 쓰이는 'Co u pana/pani słychać?'와 친한 사이에서 쓰이는 'Co u ciebie słychać?'의 줄임 표현으로, 모든 상황에서 사용할 수 있 는 중립적 표현입니다.

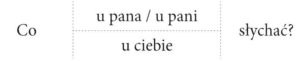

● 존댓말 : 격식체

　쪼　우　파나　파니　수으하치
Co u pana/pani słychać?　　　당신은 어떻게 지내세요?

● 반말

　쪼　우　치에비에　수으하치
Co u ciebie słychać?　　　너 어떻게 지내니?

안부 답하기

🎧 01-11

어떻게 지내는지에 대한 안부 질문에는 부정적인 대답보다 긍정적인 답변을 하는 것이 일반적입니다. 보통 가볍게 의례적으로 묻는 질문이므로, 대답도 짧고 간결하게 표현하는 것이 좋습니다.

핵심 표현

후슈스트코　　　쉬비에트니에

Wszystko świetnie.

다 아주 좋아요.

단어를 바꿔서 표현해 보세요.

dobrze [도브제] 좋게

w porządku [ㅎ 포종트쿠] 괜찮다

단어

wszystko [후슈스트코]
다, 모든 것, 전부
świetnie [쉬비에트니에]
아주 좋게, 훌륭하게, 멋지게

Tip

● Dziękuję.

안부 질문에 대한 답을 할 때는 '물어봐 주셔서 감사합니다'라는 의미의 고마운 마음을 먼저 표현한 후에 상태적인 표현을 하는 것이 좋습니다. 'Dziękuję.'는 '감사하다'의 뜻으로, 문장 맨 앞이나 맨 뒤에 붙는 것이 일반적입니다.

A : Co słychać? [쪼 수으하치]　어떻게 지내요?

B : Dziękuję. Wszystko świetnie. [지엥쿠예 후슈스트코 쉬비에트니에]

감사합니다. 다 아주 좋아요.

니쯔　노베고

Nic nowego.

별일 없어. (직역: 새로운 것이 없어.)

포　스타레무

Po staremu.

늘 똑같지 뭐.

탁　소비에

Tak sobie.

그렇게 나쁘지 않아.

※ 영어의 'So-so.'와 같은 의미입니다.

질레

Źle.

나빠.

> Źle는 감정, 상황 등이 좋지 않을 때 사용하는 표현으로, '기분/상황이 안 좋아'의 의미로 이해할 수 있습니다.

 **엿보기 단어**

nic [니쯔] 아무것도 아니다
nowego [노베고] 새로운
po staremu [포 스타레무] 예전 그대로

tak sobie [탁 소비에] 그렇게 나쁘지 않은
źle [질레] 나쁘게

빈칸에 알맞은 단어를 넣어 문장을 완성해 보세요.

다 아주 좋아요.

Wszystko　　　　　.

별일 없어. (직역: 새로운 것이 없어.)

Nic　　　　　.

늘 똑같지 뭐.

Po　　　　　.

그렇게 나쁘지 않아.

Tak　　　　　.

나빠.

Ź　　　　　.

Q. 안부 질문에 답할 때 '나는 ~'의 주어를 함께 말하고 싶어요!

'u mnie(나에게)'라는 단어를 문장 앞에 위치시키면 '나는 ~'라는 주어가 포함된 문장을 만들
수 있습니다. 안부 대답 뒤에는 상대방의 안부를 되묻는 질문을 함께하는 것이 좋습니다.

● 존댓말

우 므니에　탁　소비에　아 우 파나

U mnie tak sobie. A u pana?

나는 그저 그래요. 당신은요? (남자)

우　므니에　후슈스트코　흐　포종트쿠　아 우 파니

U mnie wszystko w porządku. A u pani?

나는 다 괜찮습니다. 당신은요? (여자)

➡ A u pana/pani?
　'A co u pana/pani słychać? [아 쪼 우 파나/파니 수으하치] (당신은 어떻게 지내세요?)'의
　질문을 줄인 표현입니다. 상대방에게 같은 질문을 되물을 때 쓰입니다.

● 반말

우　므니에　후슈스트코　쉬비에트니에 아 우 치에비에

U mnie wszystko świetnie. A u ciebie?

나는 다 아주 좋아. 너는?

➡ A u ciebie?
　'A co u ciebie słychać? [아 쪼 우 치에비에 쪼 수으하치] (너 어떻게 지내?)'의 질문을
　줄인 표현입니다. 상대방에게 같은 질문을 되물을 때 쓰입니다.

Unit 7

감사하기

감사 표현은 일상생활에서 자주 쓰이는 표현 중 하나입니다. 'Dziękuję.' 표현을 활용하여 다양한 감사의 마음을 전해보세요.

지엥쿠엥　　자　　후슈스트코

Dziękuję za wszystko.

모든 것에 감사합니다.

단어를 바꿔서 표현해 보세요.

pomoc [포모쯔] *r. ż.* 도움을
↳ Dziękuję za pomoc. 도와주셔서 감사합니다

informację [인포르마치엥] *r. ż.* 정보를
↳ Dziękuję za informację. 알려 주셔서 감사합니다.

prezent [프레젠트] *r. m.* 선물을
↳ Dziękuję za prezent. 선물 감사합니다.

zaproszenie [자프로셰니에] *r. n.* 초대를
↳ Dziękuję za zaproszenie. 초대해 주셔서 감사합니다.

życzenia [즈체니아] *r. n.* 축원을
↳ Dziękuję za życzenia. 축원해 주셔서 감사합니다.

uwagę [우바겡] *r. ż.* 주목을
↳ Dziękuję za uwagę. 주목해 주셔서 감사합니다.

odpowiedź [오트포비에치] *r. ż.* 답장을
↳ Dziękuję za odpowiedź. 답장 주셔서 감사합니다.

단어

dziękuję [지엥쿠엥]
(나는) 감사하다, 고맙다
za [자]
～에 대해서, ～을 위해서
(= 영어: for)

바르조   지엥쿠옝
Bardzo dziękuję.

매우 감사합니다.

흐차우븜   흐차와븜   포지엥코바치
Chciałbym/Chciałabym podziękować.

감사합니다.

     ＊ 격식체

지엥키
Dzięki.

고마워.

     ＊ 'Dziękuję.'의 줄임 표현
     ＊ 친한 사이에서 사용합니다.

뷔엘키에   지엥키
Wielkie dzięki.

정말 고마워.

     ＊ 친한 사이에서 사용합니다.

 엿보기 단어

chciałbym/chciałabym [흐차우븜/흐차와븜]
(남/여) (저는) ～하고 싶습니다

podziękować [포지엥코바치] 감사하다
wielkie [뷔엘키에] 큰

모든 것에 감사합니다.

Dziękuję za   .

매우 감사합니다.

Bardzo   .

감사합니다.

**   podziękować.**

✎ 말하는 이의 성별에 맞게 넣어 보세요.

고마워.

D   .

정말 고마워.

Wielkie   .

질문 있어요!

Q. 감사 인사에 대한 답변은 어떻게 하나요?

감사 인사에 대한 답변으로는 '천만에요'와 같이 특별한 노력이 필요하지 않다는 뉘앙스가 담긴 내용으로 답하는 것이 일반적입니다. 일상생활에서 자주 쓰이는 답변들을 익혀보세요.

니에 마 자 쪼
Nie ma za co.   천만에요.

드로비아즈ㄱ
Drobiazg.   별거 아니에요.

니에 마 프로블레무
Nie ma problemu.   별것도 아닌데 뭘요. (직역: 문제없어요.)

자덴 프로블렘
Żaden problem.   괜찮아요. (직역: 문제없어요.)

영어의 'No problem.'과 같은 의미입니다.

 지식 플러스

● 'Proszę.'와 'Proszę bardzo.'

감사 인사에 대한 답변으로 자주 쓰이는 표현 중 'Proszę.'와 'Proszę bardzo.'도 있습니다. Proszę은 '제발'이란 뜻이지만, 상황에 따라서 '천만에요'라는 의미로도 자주 쓰입니다. 영어의 'You are welcome.'과 같은 의미로 이해할 수 있습니다.

A: Dziękuję. [지엥쿠엥]   감사합니다.
B1: Proszę. [프로셍]   천만에요.
B2: Proszę bardzo. [프로셍 바르조]   (매우) 천만에요.

사과하기

🎧 01-15

폴란드인들은 사소한 잘못에도 바로 사과하는 것이 일반적입니다. 자주 쓰이는 표현이 므로 다양한 사과 표현을 익혀보세요.

핵심 표현

프세프라샴

Przepraszam.

미안해요.

단어

przepraszam [프세프라샴]
(나는) 미안하다, 죄송하다,
사과하다

Tip

● Przepraszam

'실례합니다'라는 의미로도 자주 쓰이는 표현입니다. 모르는 사람에게 길이나 장소를 물어 볼 때 는 'Przepraszam.'이라고 먼저 말한 후에 질문하는 것이 예의입니다.

A: **Przepraszam, gdzie jest toaleta?** [프세프라샴 그지에 예슫 토알레타]

실례합니다. 화장실이 어디에 있나요?

B: **Tam.** [탐] 저기요.

바르조　　　　프셰프라샴

Bardzo przepraszam.

정말 미안해요.

흐차우븜　　　　　흐차와븜　　　　　프셰프로시치

Chciałbym/Chciałabym przeprosić.

사과합니다.

※ 격식체

니에　그니에바이　시엥　　프로셍

Nie gniewaj się (proszę).

(제발) 화내지 마.

※ proszę : 영어의 please와 같은 의미입니다.

브바츠　　미　　　프로셍

Wybacz mi (proszę).

(제발) 나를 용서해 줘.

 엿보기 단어

przeprosić [프셰프로시치] 사과하다, 미안하다　　　　proszę [프로셍] 제발

nie gniewaj się [니에 그니에바이 시엥] (너는) 화내지 마　　　wybacz [브바츠] (너는) 용서해 줘

미안해요.

P .

정말 미안해요.

Bardzo .

사과합니다.

przeprosić.

↘ 말하는 이의 성별에 맞게 넣어 보세요.

(제발) 화내지 마.

Nie gniewaj .

(제발) 나를 용서해 줘.

Wybacz .

Q. 사과 표현에 대한 답변은 어떻게 하나요?

사과 표현에 대한 답변으로는 '괜찮아요'와 같이 상대방에게 걱정하지 말라는 뉘앙스가 담긴
내용으로 답하는 것이 일반적입니다. 일상생활에서 자주 쓰이는 답변들을 익혀보세요.

니쯔 니에 쉬코지
Nic nie szkodzi.   괜찮아요. (직역: 아무 해를 끼치지 않았어요.)

니쯔 시엥 니에 스타워
Nic się nie stało.   괜찮아요. (직역: 아무 일도 일어나지 않았어요.)

니에 마 프로블레무
Nie ma problemu.   문제없어요.

흐 포종트쿠
W porządku.   괜찮아요.

프로 시엥 니에 프세이모바치
Proszę się nie przejmować.   걱정하지 마세요.   [존댓말]

니에 프세이무이 시엥
Nie przejmuj się.   걱정하지 마.   [반말]

요청/부탁하기

🎧 01-17

간단한 요청과 부탁의 표현으로 「Proszę + 동사원형/명령형, 명사」 구조를 활용할 수 있습니다. 그러나 윗사람이나 정중한 부탁을 해야하는 경우에는 'Czy może pan/pani ~?(당신은 ~해줄 수 있나요?)'라는 표현을, 친한 사이에서는 'Czy możesz ~?(너는 ~해줄 수 있니?)'라는 표현을 활용하는 것이 좋습니다.

 핵심 표현

츠   모제   판   파니   자체카치

Czy może pan/pani zaczekać?

당신은 기다릴 수 있나요?

단어를 바꿔서 표현해 보세요.

pomóc [포무쯔] 돕다

wyjaśnić [브야시니치] 설명하다

napisać [나피사치] 쓰다

powtórzyć [포후투즈치] 반복하다, 다시 말하다

단어

czy [츠] ~입니까?

może [모제]
(그/그녀/이것) ~ 할 수 있다

zaczekać [자체카치] 기다리다

 Tip 비즈니스 상황과 같이 매우 정중한 부탁의 표현이 필요한 경우에는 może 대신 상대방의 성별에 맞춰서 mógłby 또는 mogłaby를 사용할 수 있습니다. może와 mógłby/mogłaby는 영어의 can과 could의 차이 정도로 이해할 수 있습니다.

Czy mógłby pan/mogłaby pani zaczekać? [츠 무그우브 판/모그와브 파니 자체카치]

당신은 기다릴 수 있으세요?

프로셍　　　휠렝　　　자체카치

Proszę chwilę zaczekać.

잠시만 기다려 주세요.

> prosze는 영어의 please와
> 같으며, 부탁할 때 '~해 주세
> 요'라는 의미로 자주 쓰입니다.

프로셍　미　포무쯔

Proszę mi pomóc.

저를 도와주세요.

※ 친한 사이일 때 :
Proszę pomóż mi. [프로셍 포무즈 미] 나 좀 도와줘.

프로셍　나　므니에　　자체카치

Proszę na mnie zaczekać.

저를 기다려주세요.

맘　　프로지벵

Mam prośbę.

부탁이 있어요.

 엿보기 단어

chwilę [휠렝] r. ż. 순간을　　　　　prośbę [프로지벵] r. ż. 부탁을
na mnie [나 므니에] 나를

당신은 기다릴 수 있나요?

Czy   zaczekać?

↳ 상대방의 성별에 맞게 넣어 보세요.

잠시만 기다려 주세요.

Proszę   .

저를 도와주세요.

Proszę   .

저를 기다려주세요.

Proszę   .

부탁이 있어요.

Mam   .

Q. proszę는 요청이나 부탁할 때만 사용하나요?

폴란드어에는 여러 상황에서 다양한 의미로 사용할 수 있는 마법의 단어가 있습니다. 'proszę[프로솅], dziękuję[지엥쿠엥](감사하다), przepraszam[프셰프라샴](미안/죄송/사과하다)' 세 단어 중, proszę은 요청이나 부탁할 때 주로 쓰이지만 다른 의미를 부여하는 문맥이나 구문 사이에서도 볼 수 있습니다.

● proszę의 다양한 의미

	프로솅	
물건을 줄 때	Proszę.	여기 있어요.
감사에 대한 대답을 할 때	Proszę.	천만에요.
상대방을 배려할 때	Proszę.	먼저 가세요/하세요.
그 외	Proszę.	제발.
	Proszę?	뭐라고요?
	Proszę, proszę …	글쎄요 …

이외에도 proszę은 선생님이나 모르는 사람을 부를 때도 사용합니다. 선생님을 부를 때는 '선생'의 뜻을 가진 nauczyciel/nauczycielka[나우츠첼/나우츠첼카] 단어를 쓰지 않고 상대방의 성별에 맞춰서 'proszę pana/pani' 표현을 사용합니다. 영어의 sir/madam과 같은 의미입니다. 또한 '잠시만요, 저기요'와 같이 누군가의 주의를 끌거나 무언가를 요청할 때도 정중한 표현으로 자주 쓰입니다.

	프로솅 파나 파니	
선생님/교사일 때 :	**Proszę pana/pani!**	(남성/여성) 선생님!
모르는 사람일 때 :	**Proszę pana/pani!**	(남성/여성) 저기요!

질문하기

🎧 01-19

무엇인가를 물어볼 때는 co(무엇) 단어를 to(이것, 그것) 지시사와 함께 활용해서 간단한 의문문을 만들 수 있습니다.

핵심 표현

쪼   토   예스트
Co to jest?

이것은 무엇입니까?

단어를 바꿔서 표현해 보세요.

kto [크토] 누구

↳ Kto to jest? 누구입니까?

gdzie [그지에] 어디

↳ Gdzie to jest? 이것/그것은 어디에 있습니까?

kiedy [키에드] 언제

↳ Kiedy to jest? 이것은 언제입니까?

czyje [츠예] 누구의

↳ Czyje to jest? 이것/그것은 누구의 것입니까?

단어

to [토] 이것, 그것
jest [예스트] (~이/가) ~이다

Tip   ● 지시사

to는 '이것'과 '그것' 2가지 의미를 모두 가지고 있는 지시사로, 맥락과 대화 상황에 따라 유연하게 해석할 수 있습니다.

to [토]	이것, 그것
tamto [탐토]	저것

수우함

Słucham?

뭐라고 하셨나요?

> 전화받을 때 '여보세요?'라는 의미로 쓰이기도 합니다.

맘   프타니에

Mam pytanie.

질문이 있어요.

쪼 토   즈나츠

Co to znaczy?

이것은 무슨 의미입니까?

약 토 예스트 포   폴스쿠

Jak to jest po polsku?

이것을 폴란드어로 어떻게 말합니까?

 엿보기 단어

słucham [수우함] (나는) 듣다

pytanie [프타니에] *r. n.* 질문

znaczy [즈나츠] (그/그녀/이것은) 의미하다

po polsku [포 폴스쿠] 폴란드어로

이것은 무엇입니까?

Co   **?**

뭐라고 하셨나요?

S   **?**

질문이 있어요.

Mam   **.**

이것은 무슨 의미입니까?

Co   **?**

이것을 폴란드어로 어떻게 말합니까?

Jak to jest   **?**

질문 있어요!

Q. 폴란드어 알파벳 명칭이 궁금해요!

한국 이름은 폴란드인들에게 생소하게 들리기 때문에 공항이나 호텔 등에서는 이름의 철자를 묻는 경우도 있습니다. 영어 이름의 철자를 폴란드어로 대답해야 하므로 폴란드어 알파벳의 명칭을 미리 익혀두는 것이 좋습니다.

프로셍   프세리테로바치
Proszę przeliterować.   철자를 말해 주세요.

 M – i – n – a.   엠 – 이 – 엔 – 아

J – i – n – s – u.   요트 – 이 – 엔 – 에ㅅ – 우

〈폴란드어 알파벳 명칭〉   12p. 참고

A a	아	M m	엠
Ą ą	옹	N n	엔
B b	베	Ń ń	에인
C c	쩨	O o	오
Ć ć	치에	Ó ó	우
D d	데	P p	페
E e	에	R r	에르
Ę ę	엥	S s	에스
F f	에프	Ś ś	에시
G g	기에	T t	테
H h	하	U u	우
I i	이	W w	부
J j	요트	Y y	이그렉
K k	카	Z z	젤
L l	엘	Ź ź	지엘
Ł ł	에우	Ż ż	젤

기본 응답하기

🎧 01-21

폴란드어가 서툴 경우, 상대방의 질문에 간단히 '네/아니요'로 대답하는 경우가 많습니다. 그러나 상대방에게 무례하다는 오해를 받을 수 있으므로, 폴란드어가 미숙하다는 표현 또는 말이 빨라서 다시 듣고 싶다는 표현 등을 미리 익혀두는 것이 좋습니다.

 핵심 표현

프로셍   포흐투즈치

Proszę powtórzyć.

다시 말씀해 주세요.

단어를 바꿔서 표현해 보세요.

mówić wolniej [무비치 볼니에이] 더 천천히 말하다

mówić głośniej [무비치 그워시니에이] 더 크게 말하다

단어

powtórzyć [포흐투즈치]
반복하다

Proszę
powtórzyć.

탁　　니에

Tak. / Nie.

네. / 아니요.

니에　비엠

Nie wiem.

나는 몰라요.

동사 앞에 nie를 넣으면
부정어가 됩니다.

니에　　로주미엠

Nie rozumiem.

나는 이해하지 못했어요.

니에　무비엥　포　폴스쿠

Nie mówię po polsku.

나는 폴란드어를 못 해요.

 엿보기 단어

wiem [비엠] (나는) 알다 　　　　　mówię [무비엥] (나는) 말하다

rozumiem [로주미엠] (나는) 이해하다

다시 말씀해 주세요.

Proszę   .

네. / 아니요.

T   . / **N**   .

나는 몰라요.

Nie   .

나는 이해하지 못했어요.

Nie   .

나는 폴란드어를 못 해요.

Nie   **po polsku.**

Q. 정중하게 되묻는 표현들이 궁금해요!

윗사람 또는 공식적인 자리에서 정중하게 되묻는 표현은 **przepraszam** 표현으로 시작한 후, 「Czy mógłby pan/pani＋동사원형?(당신은 ~해 주실 수 있나요?)」 구조를 활용하여 표현할 수 있습니다.

66p. Tip 참고

프셰프라샴   츠   무구우브   판   모구와브   파니   포후투제츠
Przepraszam, czy mógłby pan/mogłaby pani powtórzyć?

죄송합니다, 다시 말씀해 주실 수 있나요?

프셰프라샴   츠   무구우브   판   모구와브   파니   무비치   볼니에이
Przepraszam, czy mógłby pan/mogłaby pani mówić wolniej?

미안합니다, 천천히 말씀해 주실 수 있나요?

프셰프라샴   츠   무구우브   판   모구와브   파니   무비치   그워시니에이
Przepraszam, czy mógłby pan/mogłaby pani mówić głośniej?

실례합니다, 더 크게 말씀해 주실 수 있나요?

칭찬하기

🎧 01-23

칭찬은 사교적인 상황에서 상대방에게 좋은 인상을 주고 서로 더 친밀한 관계를 맺을 수 있도록 도와줍니다. 상대방의 외모와 옷차림 등에 관한 칭찬 표현을 익혀보세요.

★★★★★
핵심 표현

쉬비에트니에 　　　　　　　　 브글론다쉬
Świetnie wyglądasz.

아주 좋아 보이는데.

단어를 바꿔서 표현해 보세요.

- dobrze [도브제] 좋게
- młodo [무워도] 젊게
- ładnie [와드니에] 이쁘게
- pięknie [피엥크니에] 아름답게
- super [수페르] 최고 ⎤
- ekstra [엑스트라] 매우 좋게, 매력적으로 ⎦ 구어체

단어

wyglądasz [브글론다쉬]
(너는) 보인다

Tip 공식적인 자리에서는 상대를 ty 대신 상대방의 성별에 따라서 pan/pani를 사용해야 하므로, wyglądać의 3인칭 동사 형태인 wygląda를 활용하여 표현합니다.

Dobrze pan wygląda. [도브제 판 브글론다]　　(남성) 당신은 좋아 보이세요.

Młodo pani wygląda. [무워도 파니 브글론다]　　(여성) 당신은 젊어 보이세요.

도브라　　로보타
Dobra robota!

정말 잘했어요!

브라보
Brawo!

잘했어요!

예스테시　　나일렙쉬　　　나일렙샤
Jesteś najlepszy/najlepsza!

너는 최고야!

쉬비에트니에　　무비쉬　포　코레아인스쿠
Świetnie mówisz po koreańsku.

한국어를 굉장히 잘하네.

※ 격식체 : Świetnie pan/pani mówi po koreańsku.
한국어를 굉장히 잘 하세요.

 엿보기 단어

dobry/dobra/dobre
[도브르/도브라/도브레] 좋은

robota [로보타] *r. ż.* 일

jesteś [예스테시] (너는) 이다/있다

najlepszy/najlepsza/najlepsze
[나일렙쉬/나일렙샤/나일렙셰] 최고

mówisz [무비쉬] (너는) 말하다

po koreańsku [포 코레아인스쿠] 한국어로

아주 좋아 보이는데.

wyglądasz.

정말 잘했어요!

Dobra   !

잘했어요!

B   !

너는 최고야!

Jesteś   !

↳ 상대방의 성별에 맞게 넣어 보세요.

한국어를 굉장히 잘하네.

Świetnie   po koreańsku.

질문 있어요!

Q. 친한 사이와 공식적인 자리에서의 칭찬 표현을 구분해서 알고 싶어요!

관계에 상관없이 사용할 수 있는 중립적 표현인 'świetnie, bardzo dobrze, dobrze' 뒤에 동사를 위치시켜서 다양한 존댓말과 반말을 만들 수 있습니다.

● 중립적 표현

쉬비에트니에
Świetnie.   아주 좋아요. (= 영어: Great.)

바르조   도브제
Bardzo dobrze.   아주 좋아요. (= 영어: Very good.)

도브제
Dobrze.   좋아요.

● 존댓말 : 격식체

쉬비에트니에   판   파니   고투예
Świetnie pan/pani gotuje.   요리를 아주 잘하시네요.

바르조   도브제   판   파니   쉬피에바
Bardzo dobrze pan/pani śpiewa.   노래를 아주 잘하시네요.

도브제   판   파니   타인츠
Dobrze pan/pani tańczy.   춤을 잘 추시네요.

● 반말 : 친한 사이에서

쉬비에트니에   고투예쉬
Świetnie gotujesz.   요리를 아주 잘하네.

바르조   도브제   쉬피에바쉬
Bardzo dobrze śpiewasz.   노래를 아주 잘하네.

도브제   타인췌쉬
Dobrze tańczysz.   춤을 잘 추네.

감정 표현하기

🎧 01-25

자신의 감정을 표현할 때는 「Jestem + 감정 상태(형용사)」 구조를 활용하여 다양한 감정을 표현할 수 있습니다. 감정 상태를 나타내는 형용사는 자신의 성별에 맞춰서 표현합니다.

 핵심 표현

예스템 · 쉬쳉실리브 · 쉬쳉실리바

Jestem szczęśliwy/szczęśliwa.

나는 행복해요.

단어를 바꿔서 표현해 보세요.

단어

szczęśliwy/szczęśliwa
[쉬쳉실리브/쉬쳉실리바] 행복한

wesoły/wesoła [베소우으/베소우아] 기쁜

smutny/smutna [스무트느/스무트나] 슬픈

zły/zła [즈우으/즈와] 화가 난, 분노한, 화를 내는

zdenerwowany/zdenerwowana [즈데네르보바느/즈데네르보바나] 긴장하는, 신경 쓰이는, 초조한

zestresowany/zestresowana [제스트레소바느/제스트레소바나] 스트레스 받는

 Tip

● czuć się 동사 활용

Jestem 동사 대신 '(나는) 느끼다'의 뜻을 가진 'czuć się' 동사를 활용할 수 있습니다. 뒤에 오는 형용사는 말하는 이의 성별에 맞춰서 표현합니다.

Czuję się szczęśliwy/szczęśliwa. [추옝 시엥 쉬쳉실리브/쉬쳉실리바]　　나는 행복해요.

Czuję się samotny/samotna. [추옝 시엥 사모트느/사모트나]　　　　나는 외로워요.

체시엥 시엥

Cieszę się.

나는 기뻐요.

브즈루쉬엠 브즈루쉬왐 시엥

Wzruszyłem/Wzruszyłam się.

나는 감동했어요.

스무트노 미

Smutno mi.

나는 슬퍼요.

마르트뷔엥 시엥

Martwię się.

나는 걱정해요.

 엿보기 단어

ciesze się [체시엥 시엥] (나는) 기쁘다   smutno [스무트노] 슬프게

wzruszyłem/wzruszyłam się   martwię się [마르트뷔엥 시엥] (나는) 걱정하다

[브즈루쉬엠/브즈루쉬왐 시엥] (남/여) (나는) 감동했다

나는 행복해요.

Jestem .

↘ 말하는 이의 성별에 맞게 넣어 보세요.

나는 기뻐요.

się.

나는 감동했어요.

się.

↘ 말하는 이의 성별에 맞게 넣어 보세요.

나는 슬퍼요.

mi.

나는 걱정해요.

się.

질문 있어요!

Q. 다양한 상황에서 쓸 수 있는 감탄사가 궁금해요!

감정을 표현할 때는 단어나 구조뿐만 아니라 감정을 강조하는 데 도움이 되는 감탄사를 같이 사용하면 더욱 풍부한 감정 상태를 나타낼 수 있습니다. 다양한 감탄사를 익혀보세요.

● 상황별 감탄사

och! [오ㅎ]	오!	놀랐을 때 Och, to dla mnie? [오ㅎ 토 들라 므니에] 오, 저한테 주시는 거예요?
ach! [아ㅎ]	아!	즐거운 것을 보거나 즐거운 추억을 떠올렸을 때 Ach, jak tu pięknie! [아ㅎ 약 투 피엥크니에] 아, 여기는 너무 예뻐요!
ech! [에ㅎ]	에이~	한숨 쉴 때 Ech, nic mi mów. [에ㅎ 니ㅉ 미 니에 무ㅎ] 에이, 말도 마.
aha! [아하]	아하!	이해했을 때 Aha, teraz rozumiem. [아하 테라스 로주미엠] 아하, 지금 이해했어요.
oho! [오호]	와!	감탄 또는 놀랐을 때, 무언가 깨달았을 때 Oho, na mnie już czas. [오호 나 므니에 유쉬 차스] 와, 이제 가야겠어요.
ojej! [오예이]	어머!	무서워할 때, 놀랐을 때 Ojej, nic ci nie jest? [어예이 니ㅉ 치 니에 예스트] 어머, 괜찮아?
hmm… [흠]	음 …	무언가 생각 또는 고민할 때 Hmm… Sama nie wiem. [흠 사마 니에 비엠] 음… 나는 잘 모르겠어요.
fu! / fuj! [후 / 후이]	우웩!	냄새가 나거나 혐오감을 느낄 때 Fuj, ale tu śmierdzi. [후이 알레 투 시미에르지] 우웩! 여기 냄새가 지독해요.
au! ała! [아우 아와]	아야!	아플 때 Ała, to trochę boli. [아와 토 볼리] 아야, 이건 좀 아파요.
ups! [웁스]	어이쿠!	실수했을 때 Ups, mój błąd. [웁스 무이 브웡트] 어이쿠, 내 실수예요.

※ 폴란드어는 물결 표시(~)를 사용하지 않습니다.

의견 말하기

🎧 01-27

어떻게 생각하는지 묻는 질문에는 짧더라도 긍정적인 내용의 답변을 하는 것이 일반적입니다. 어떤 상태나 물건 등이 마음에 들 경우에는 「Podoba mi się+대상(~이 나의 마음에 들다)」 구조를 활용하여 다양한 의견을 표현할 수 있습니다.

핵심 표현

포도바　　미　　시엥　　토

Podoba mi się to.

이것(이) 마음에 들어요.

단어를 바꿔서 표현해 보세요.

ten pomysł [텐 포므스우] *r. m.* 이 아이디어

ten widok [텐 비도크] *r. m.* 이 경치

ta sukienka [타 수키엔카] *r. ż.* 이 원피스

단어

podoba się [포도바 시엥]
(이것이) 마음에 들다
mi [미] 나에게
to [토] 이것

Tip ● 부정문 만들기

'아니'의 뜻을 가진 nie를 동사 앞에 넣으면 부정문이 됩니다.

A: Co o tym myślisz? [쪼 오 틈 므실리슈]　　　어떻게 생각해?

B: Nie podoba mi się. [니에 포도바 미 시엥]　　마음에 들지 않아요.

마쉬　　라찌엥

Masz rację.

네 말이 맞아. (= 도리에 맞아. = 옳아.)

● 격식체 변환

상대를 ty 대신 pan/pani
로 사용합니다.
Ma pan/pani rację.
당신 말이 맞습니다.

테쉬　탁　　므쉴렝

Też tak myślę.

나도 그렇게 생각해요.

맘　　인네　　즈다니에

Mam inne zdanie.

나는 다른 의견이 있어요.

니에　맘　　즈다니아

Nie mam zdania.

나는 의견이 없어요.

 엿보기 단어

raczję [라찌엥] *r. ż.* 올바름을, 정당을
też [테쉬] ~도
tak [탁] 그렇게

myślę [므쉴렝] (나는) 생각하다
inny/inna/inne [인느/인나/인네] 다른
zdanie [즈다니에] *r. n.* 의견

이것(이) 마음에 들어요.

Podoba mi się   .

네 말이 맞아. (= 도리에 맞아. = 옳아.)

Masz   .

나도 그렇게 생각해요.

**   tak myślę.**

나는 다른 의견이 있어요.

Mam inne   .

나는 의견이 없어요.

Nie   .

Q. 'Podoba mi się ~' 표현을 사람에게도 쓸 수 있나요?

「Podoba mi się＋대상」 구조는 상대방의 행동보다 외모나 모습이 마음에 들었을 때 자주 사용하며, 상대방에게 직접 호감을 표현할 때도 사용합니다.

포도바　　미 시엥 텐　　멘쉬츠즈나
Podoba mi się ten mężczyzna.　　이 남자가 마음에 들어요.

포도바　　미 시엥 타　코비에타
Podoba mi się ta kobieta.　　이 여자가 마음에 들어요.

● 상대방에게 직접 말할 때

포도바쉬　　미 시엥
Podobasz mi się.　　나는 너를 좋아해.

➡ 좋아하는 사람이 'ty(너)'이기 때문에 2인칭 동사를 활용한 podobasz를 사용합니다.
　 podobasz에는 ty의 의미가 포함되어 있으므로 주어는 생략합니다.

몸 상태 표현하기

🎧 01-29

폴란드인들은 아플 때 'Boli mnie.(나 아파.)'라고 말합니다. 아픈 부위를 구체적으로 표현할 때는 「Boli/Bolą mnie＋아픈 부위」 구조를 활용하여 표현할 수 있습니다. 아픈 부위가 복수라면 boli 동사를 bolą 동사로 변형시켜서 사용합니다.

 핵심 표현

볼리　　므니에　　그워바

Boli mnie głowa.

머리(가) 아파요.

단어를 바꿔서 표현해 보세요.

단어
boli [볼리] 아프다
mnie [므니에] 나를
głowa [그워바] r.ż. 머리

- brzuch [브쥬흐] r.m. 배
- gardło [가르드워] r.n. 목
- ząb [종프] r.m.. 치아
- wszystko [후슈스트코] 몸 전체
- plecy [플레쯔] 허리
- mięśnie [미엥시니에] r.m. 근육들

- ucho [우호] r.n. 귀
- żołądek [죠원데크] r.m. 위

↬ Wszystko mnie boli. 다 아파요. (감기 기운이 있을 때)

↬ Bolą mnie plecy. 허리가 아파요.

↬ Bolą mnie mięśnie. 근육이 아파요.

 Tip 질병이나 감기 등에 걸렸다는 표현은 성별에 맞춰서 표현합니다.

Jestem chory/chora. [예스템 호르/호라] 몸이 안 좋아요. (＝ 병에 걸렸어요.)

Jestem przeziębiony/przeziębiona. [예스템 프세젱비오느/프세젱비오나] 감기에 걸렸어요.

＝ Przeziębiłem/Przeziębiłam się. [프세젱비웸/프세젱비왐 시엥]

맘　　　카타르

Mam katar.

콧물이 나요.

> Mam(나는 가지다)은 몸의
> 증상을 나타낼 때도 쓰입니다.
> Mam kaszel. [맘 카셀]
> 기침이 나요.

맘　　　템페라투렝

Mam temperaturę.

열이 나요.

질레　시엥　츄옝

Źle się czuję.

기분이 안 좋아요. (= 나는 컨디션이 안 좋아요.)

므들리　므니에

Mdli mnie.

나는 메슥거려요.

> ● 현지 표현
> Niedobrze mi.
> [니에도브제 미] 속이 메스꺼워.

엿보기 단어

katar [카타르] r. m. 콧물을

temperaturę [템페라투렝] r. ż. 열을

mdli [므들리] (그/그녀/이것) 메슥거리다

머리(가) 아파요.

Boli mnie   .

콧물이 나요.

Mam   .

열이 나요.

Mam   .

기분이 안 좋아요. (= 나는 컨디션이 안 좋아요.)

Źle się   .

나는 메슥거려요.

        mnie.

Q. 상대방이 아플 때 조심해야 할 표현과 회복을 기원하는 표현이 궁금해요!

폴란드인들은 상대방의 컨디션이 안 좋거나 아파 보인다고 해서 외모에 대해 직접적으로 언급하지 않습니다. 외모에 관한 안 좋은 표현은 실례가 될 수 있기 때문입니다. 대신 상대방의 상태를 묻고 아플 경우에는 빠른 쾌유를 빌어주는 것이 예의입니다.

● 상대방이 아파 보일 때

<table>
<tr><td>흐 포종트쿠
W porządku?</td><td>괜찮아?</td></tr>
<tr><td>질레 시엥 추예슈
Źle się czujesz?</td><td>기분이 안 좋아?</td></tr>
<tr><td>질레 시엥 판 파니 추예
Źle się pan/pani czuje?</td><td>기분이 안 좋으세요?</td></tr>
</table>

● 존댓말 : 격식체

<table>
<tr><td>즈쳉 쉽키에고 포브로투 도 즈드로비아
Życzę szybkiego powrotu do zdrowia.</td><td>빠른 쾌유를 빕니다.</td></tr>
<tr><td>즈쳉 두죠 즈드토비아
Życzę dużo zdrowia.</td><td>건강하길 바랍니다.</td></tr>
<tr><td>프로솅 드바치 오 시에비에
Proszę dbać o siebie.</td><td>건강하세요.</td></tr>
</table>

● 반말 : 친한 사이에서

<table>
<tr><td>즈드로비에이 쉽코
Zdrowiej szybko.</td><td>빨리 낫길 바라.</td></tr>
<tr><td>브라차이 쉽코 도 즈드로비아
Wracaj szybko do zdrowia.</td><td>빠른 쾌유를 빌어.</td></tr>
<tr><td>드바이 오 시에비에
Dbaj o siebie.</td><td>건강해.</td></tr>
</table>

응원하기

🎧 01-31

중요한 시험이나 면접을 앞둔 상대방에게 잘 되길 바란다는 의미의 응원 표현들은 용기와 희망을 북돋워 줄 수 있습니다. 짧지만 다양한 응원의 메시지가 담긴 표현들을 익혀보세요.

핵심 표현

포보제니아

Powodzenia!

행운을 빌어요!

단어

powodzenie [포보제니에]
r. n. 행운

> Powodzenia!

Tip

● Trzymam kciuki! 행운을 빌어요!

폴란드인들은 '행운을 빈다'라는 의미로 주먹을 쥐고 엄지손가락을 손에 숨긴 후, 손가락을 꽉 쥐는 제스처를 합니다. 이 제스처는 응원을 담은 마음의 표현으로 친한 사이일수록 자주 쓰입니다.

트쉬맘　　크추키
Trzymam kciuki!

행운을 빌어요! (직역: 엄지손가락들을 잡고 있어요!)

다쉬　　라뎅
Dasz radę.

너는 할 수 있어.

※ 친한 사이에서 쓰이는 표현입니다.

후슈스트코　　시엥　　우다
Wszystko się uda.

다 잘 될 거예요.

즈츠　미　　쉬쳉시챠
Życz mi szczęścia.

행운을 빌어줘.

시험이나 면접 등 좋은 결과가 필요할 때 자주 쓰이는 표현입니다.

※ 격식체 : Proszę życzyć mi szczęścia.
행운을 빌어주세요.

 엿보기 단어

trzymam [트쉬맘] (나는) 잡고 있다

kciuki [크추키] *r. m.* 엄지손가락들을

uda się [우다 시엥] (그/그녀/이것) 잘 되다

szczęścia [쉬쳉시챠] *r. n.* 행운을, 행복을

행운을 빌어요!

P   !

행운을 빌어요! (직역: 엄지손가락들을 잡고 있어요!)

Trzymam   !

너는 할 수 있어.

Dasz   .

다 잘 될 거예요.

Wszystko   .

행운을 빌어줘.

Życz mi   .

질문 있어요!

Q. '행운을 빈다'는 응원에 어떻게 답변해야 하나요?

폴란드에는 재미있는 관습이 있습니다. 누군가 나에게 행운을 빌어주면 '고맙다' 또는 '감사하다'라고 답변하는 대신 '감사하지 않아요'라고 말하는 사람도 있습니다. 행운을 비는 마음을 바로 받으면 불행을 가져온다고 믿기 때문입니다. 무례하거나 싫어한다는 의미가 아닌 단순한 폴란드 관습에서 나온 표현이므로 당황하지 말고 미소로 받아들이면 됩니다.

포보제니아
A: Powodzenia!　　　　　　　　행운을 빌어요!

니에　지엥쿠엥
B1: Nie dziękuję.　　　　　　감사하지 않습니다.

지엥쿠엥
B2: Dziękuję.　　　　　　　감사합니다.

지엥키
B3: Dzięki.　　　　　　　　고마워.

Nie dziękuję.

주의/경고하기

🎧 01-33

주의를 요구하는 표현은 명령형을 사용합니다. 친한 사이 또는 공식적인 자리에서 쓰이는 다양한 주의와 경고 표현을 익혀보세요.

핵심 표현

우바자이

Uważaj!

조심해!

단어

uważaj [우바자이]
(너는) 조심해라

Tip 공식적인 자리에서는 정중함을 나타내는 pan/pani를 사용합니다. 주의를 주거나 경고할 때는 'niech(~하게 하다)' 단어를 사용하여 「niech+pan/pani+3인칭 동사」 구조로 정중한 명령형을 만들 수 있습니다. 또한, 명령형 대신 「Proszę+동사원형」 구조를 사용하면 간단하고 부드러운 요청의 어조로 표현할 수도 있습니다.

Niech pan/pani uważa. [니에ㅎ 판/파니 우바자]　　　조심하십시오.

Proszę uważać. [프로솅 우바자치]　　　　　　　　조심하세요.

프로솅   우바자치

Proszę uważać.

조심하세요.

우바가

Uwaga!

조심! (직역: 주의!)

토   니에베스피에츠네

To niebezpieczne.

위험해요.

니에   도트카이

Nie dotykaj!

만지지 마!

※ 격식체 :
Proszę nie dotykać. 만지지 마세요.

 **엿보기 단어**

uważać [우바자치] 조심하다
uwaga [우바가] r. ż. 주의
dotykać [도트카치] 만지다

niebezpieczny / niebezpieczna / niebezpieczne
[니에베스피에츠네/니에베스피에츠나/니에베스피에츠네] 위험한

조심해!

U　　　　!

조심하세요.

Proszę　　　　.

조심! (직역: 주의!)

U　　　!

위험해요.

To　　　　.

만지지 마!

Nie　　　!

질문 있어요!

Q. 다양한 '금지 표현'을 알고 싶어요.

zakaz는 '금지'라는 뜻으로 공공시설 등의 표지판에서 자주 볼 수 있는 단어입니다. 다양한
금지 표시와 「nie wolno (~하면 안 되다) + 동사원형」 구조를 활용한 금지 표현들을 함께 익혀
보세요.

● 금지 표시

자카스　팔레니아
Zakaz palenia.　　　　　　　　　　흡연 금지

자카스　　스포즈바니아　알코홀루
Zakaz spożywania alkoholu.　　　　음주 금지

자카스　　흐호제니아
Zakaz wchodzenia.　　　　　　　　출입 금지

자카스　　스포즈바니아　예제니아 이 피챠
Zakaz spożywania jedzenia i picia.　섭취 금지

자카스　　스포즈바니아　포시우쿠흐 이 나포유흐
= Zakaz spożywania posiłków i napjów.

● 금지 표현

> nie wolno + 동사원형

투　니에　볼노　팔리치
Tu nie wolno palić.　　　　　　　여기서 담배를 피우면 안 됩니다.

투　니에　볼노　피치　알코홀루
Tu nie wolno pić alkoholu.　　　　여기서 술을 마시면 안 됩니다.

투　니에　볼노　에시치 이 피치
Tu nie wolno jeść i pić.　　　　　여기서 먹거나 마시면 안 됩니다.

투　니에　볼노　흐호지치
Tu nie wolno wchodzić.　　　　　여기에 들어가면 안 됩니다.

제안하기

🎧 01-35

친구 또는 지인에게 어떤 제안을 할 때는 'Może pójdziemy na ~?(우리는 ~하러 갈 까요?)'라는 표현을 자주 사용합니다. 「Może pójdziemy na + 명사」 구조를 활용하여 커피, 영화 등의 '명사'를 넣어서 다양한 제안 표현을 익혀보세요.

 핵심 표현

모제　　　　푸이제므　　　나　　　카벵

Może pójdziemy na kawę?

커피를 마시러 갈까요?

단어를 바꿔서 표현해 보세요.

☐ obiad [오비아트] *r. m.* 점심을
　✎ Może pójdziemy na obiad? 점심을 먹으러 갈까요?

☐ kolację [콜라지옝] *r. ż.* 저녁을
　✎ Może pójdziemy na kolację? 저녁을 먹으러 갈까요?

☐ film [휠름] *r. m.* 영화를
　✎ Może pójdziemy na film? 영화를 보러 갈까요?

☐ piwo [피보] *r. n.* 맥주를
　✎ Może pójdziemy na piwo? 맥주를 마시러 갈까요?

단어

może [모제] ~는 어떨까?
pójdziemy [푸이제므]
(우리는) 가다
na [나] ~을 목적으로/위하여
kawę [카벵] *r. ż.* 커피를

 Tip　Może는 다양한 의미로 쓰이는 활용도 높은 단어입니다. 여기서는 '~는 어떨까'의 뜻으로 제안, 요청, 조언, 명령 등의 문장에서 화자의 공손함 또는 예의를 나타냅니다. 친한 사이에서는 상대방 의 의견을 존중하는 의미로 「Może + 명사」 구조를 활용할 수 있습니다.

모제　　카바　　　　　　　　　　　　　　　　모제　　피보
Może kawa? 커피는 어때?　　　　　**Może piwo?** 맥주는 어때?

쪼 포비에쉬 나 오비아트

Co powiesz na obiad?

점심은 어때?

※ 격식체 :
Co pan/pani powie na obiad?
점심은 어떠세요?

마쉬 오호텡 나 카벵

Masz ochotę na kawę?

커피를 마실래?

※ 격식체 :
Czy ma pan/pani ochotę na kawę?
커피를 드실래요?

프로포누옝 스파체르

Proponuję spacer.

산책하자. (직역: 산책을 제안합니다.)

흐쩨쉬 푸이시치 도 키나

Chcesz pójść do kina?

영화관에 갈래? (직역: 영화관에 가고 싶니?)

 엿보기 단어

powiesz [포비에쉬] (너는) 말하다
obiad [오비아트] 점심
ochotę [오호텡] *r. ż.* 욕구를
proponuję [프로포누옝] (나는) 제안하다

chcesz [흐쩨쉬] (너는) 원하다, ～고 싶다
pójść [푸이시치] 가다
do kina [도 키나] 영화관에

커피를 마시러 갈까요?

Może pójdziemy   ?

점심은 어때?

Co powiesz   ?

커피를 마실래?

Masz ochotę   ?

산책하자. (직역: 산책을 제안합니다.)

spacer.

영화관에 갈래? (직역: 영화관에 가고 싶니?)

Chcesz pójść   ?

질문 있어요!

Q. 지인에게 저녁 초대를 받았어요!

폴란드인들은 어느 정도 친분이 쌓이면 자신의 집에 초대하는 경우가 많습니다. 'Gość w dom, Bóg w dom. (손님은 집에, 신은 집에: 집에 온 손님을 신처럼 환대하라)'이라는 속담이 있을 정도로 초대한 손님에게는 최선을 다해 대접하며 즐거운 시간을 보냅니다. 방문 시 자주 쓰이는 표현을 익혀보세요.

● 초대 응답

자프라삼　도　므니에　도　도무
Zapraszam do mnie do domu.　　　　저의 집에 초대합니다.

지엥쿠엥　자　자프로셰니에
Dziękuję za zaproszenie.　　　　초대해 주셔서 감사합니다.

● 환영 인사

프로솅　시엠　로즈고시치치
① ┌ **Proszę się rozgościć.**　　　　편히 계세요.　　　　[존댓말]

로즈고시치　시엠
└ **Rozgość się.**　　　　편하게 있어.　　　　[반말]

프로솅　추치　시엠　약　우　시에비에　브　도무
② ┌ **Proszę czuć się jak u siebie (w domu).**　　편히 계세요.　　[존댓말]

추이　시엠　약　우　시에비에　브　도무
└ **Czuj się jak u siebie (w domu).**　　편하게 있어.　　[반말]

➡ ①번과 ②번 모두 같은 의미지만, 약간의 뉘앙스 차이가 있습니다. 모두 손님을 환영하고 편안함을 제공하려는 의도에서 사용되지만 ②번 표현이 더 강한 친밀감으로 집안 어디든 자유롭게 이용할 수 있음을 암시합니다.

● 식사할 때

스마츠네고
Smacznego!　　　　맛있게 드세요!

나　즈드로비에
Na zdrowie!　　　　건배!

약속하기

🎧 01-37

약속을 정할 때 'Masz czas ~?'(너는 ~시간 있니?)'라는 표현을 자주 사용합니다.
「Masz czas + 약속 날짜/시간」 구조를 활용하여 다양한 약속 표현을 익혀보세요.

핵심 표현

마쉬   차스   유트로

Masz czas jutro?

내일 시간 있니?

단어를 바꿔서 표현해 보세요.

- teraz [테라스] 지금
- po południu [포 포우드뉴] 오후에
- w weekend [브 위켄트] 주말에
- dzisiaj wieczorem [지샤이 비에쵸렘] 오늘 밤
- o osiemnastej [오 오셈나스테이] 18시에

단어

czas [차스] *r. m.* 시간

Tip ● 공식적인 약속 표현

공식적인 자리에서는 상대를 ty 대신 상대방의 성별에 따라서 pan/pani를 사용하며, ma 동사의 3인칭을 활용시켜서 표현합니다. czy(~입니까?)는 격식이 필요할 상황에서 사용합니다.

Czy ma pan/pani czas jutro? [츠 마 판/파니 차스 유트로] 당신은 내일 시간 있습니까?

그지에　시엥　스포트카므

Gdzie się spotkamy?

어디에서 만나요?

키에드　오　크투레이　고지녜　시엥　스포트카므

Kiedy/O której godzinie się spotkamy?

언제/몇 시에 만나요?

※ '몇 시에?'의 질문에 godzinie는 생략 가능합니다.
O której godzinie? = O której? 몇 시에?

파수예　치　유트로

Pasuje ci jutro?

내일 시간 괜찮아? (직역: 내일 너에게 적당해?)

모제므　스포트카치　시엥 오　오셈나스테이

Możemy spotkać się o osiemnastej?

18시에 만날 수 있을까요?

 엿보기 단어

gdzie [그지에] 어디에서
kiedy [키에드] 언제
o której godzinie [오 크투레이 고지녜] 몇 시에
spotkamy się [스포트카므 시엥] (우리는) 만나다

pasuje [파수예] (그/그녀/이것) 적당하다, 어울리다
ci [치] 너에게
możemy [모제므] (우리는) ~할 수 있다
spotkać się [스포트카치 시엥] 만나다

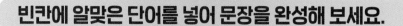

내일 시간 있니?

Masz czas   ?

어디에서 만나요?

się spotkamy?

언제/몇 시에 만나요?

/   się spotkamy?

내일 시간 괜찮아? (직역: 내일 너에게 적당해?)

ci jutro?

18시에 만날 수 있을까요?

o osiemnastej?

질문 있어요!

Q. 폴란드어로 시간을 어떻게 표현하나요?

약속을 잡을 때는 'Kiedy?'와 'O której godzinie?' 표현을 사용하며, 시를 말할 때는 서수를 사용합니다. 시간에 관련된 표현을 익혀보세요.

Kiedy? [키에드] 언제?	O której (godzinie)?
	[오 크투레이 고지니에] 몇 시예요?

rano [라노] 아침에	o pierwszej [오 피에르브셰이]	1시에
przed południem [프세드 포우드니엠] 오전에	o drugiej [오 드루기에이]	2시에
w południe [흐 포우드니에] 정오에	o trzeciej [오 트셰체이]	3시에
po południu [포 포우드니우] 오후에	o czwartej [오 츠파르테이]	4시에
wieczorem [비에초렘] 저녁에	o piątej [오 피온테이]	5시에
w dzień [브 지에인] 낮에	o szóstej [오 슈스테이]	6시에
w nocy [브 노쯔] 밤에	o siódmej [오 슈드메이]	7시에
	o ósmej [오 우스메이]	8시에
	o dziewiątej [오 지에봉테이]	9시에
	o dziesiątej [오 지에숑테이]	10시에
	o jedenastej [오 예데나스테이]	11시에
	o dwunastej [오 드부나스테이]	12시에

＊ 시간을 말할 때는 명확성을 위해 13시, 15시, 18시와 같이 1~24시로 표현하기도 합니다.
  특히, 기관 등의 공식적인 상황에서 자주 쓰입니다.

 지식 플러스

폴란드인들은 시간 약속을 지키는 것을 기본적인 예의라고 생각합니다. 그러나 누군가의 집을 방문할 때는 예외적으로 약속 시간보다 15분 정도 늦게 방문합니다. 만약, 약속 시간보다 많이 늦어질 경우에는 미리 연락한 후, 정중히 사과하는 것이 좋습니다.

Przepraszam za spóźnienie. [프세프라샴 자 스푸지니에니에]   늦어서 죄송합니다.

승낙하기

🎧 01-39

약속이나 초대를 제안받은 경우, 간단히 'Tak.(네.)'이라고 대답하기 보다는 좀 더 적극적이고 다양한 수락 의사 표현으로 나타낸다면 상대방도 자신의 제안이 기쁘게 받아들여진 것을 느끼고 더 친근감을 느낄 수 있습니다. 제스처와 함께 다양한 승낙 표현을 익혀보세요.

 핵심 표현

바르조　　　　　 헹트니에
Bardzo chętnie!

매우 기꺼이!

Świetny pomysł!

단어

chętnie [헹트니에] 기꺼이

 Tip 약속이나 초대를 제안 받았을 때는 감사 표현을 하는 것이 상대방에 대한 예의입니다.

Bardzo chętnie! Dziękuję za zaproszenie.

[바르조 헹트니에 지엥쿠옝 자 자프로셰니에]　　　　　　　　　　매우 기꺼이! 초대해 주셔서 감사합니다.

Chętnie! Dziękuję. [헹트니에 지엥쿠옝]　　　　　　　　　기꺼이! 감사합니다.

Chętnie! Dzięki. [헹트니에 지엥키]　　　　　　　　　기꺼이! 고마워.

야스네   오츠비시체

Jasne! = Oczywiście!

물론이죠!

들라체고   니에

Dlaczego nie!

당연하죠!

※영어의 'Why not.'과 같은 의미입니다.

쉬비에트느   포므수

Świetny pomysł!

좋은 생각이에요!

도브제

Dobrze!

좋아요!

📌
● 현지 표현 (구어체)
Dobra! [도브라]
Dobrze!와 같은 의미입니다.

 엿보기 단어

jasne [야스네] 명확히, 분명히
dlaczego [들라체고] 왜

świetny/świetna/świetne
[쉬비에트느/쉬비에트아/쉬비에트에] 매우 좋은
pomysł [포므수] *r. m.* 개념, 아이디어

매우 기꺼이!

Bardzo   !

물론이죠!

J   ! = **O**   !

당연하죠!

        nie!

좋은 생각이에요!

        pomysł!

좋아요!

D   !

질문 있어요!

Q. 초대에 바로 승낙할 수 없을 때는 어떻게 대답하나요?

초대받았을 때 바로 긍정적인 대답을 하지 못하는 경우에는 상황상 바로 답변하기 어렵지만 초대해 주신 마음에 감사한다는 의미로 먼저 'Dziękuję.(감사합니다.)'라고 말한 후, 다음 이 야기를 하는 것이 좋습니다.

지엥쿠예   예쉬체   니에   비엠
Dziękuję. Jeszcze nie wiem.　　감사합니다. 아직 몰라요.

지엥쿠예   무솅   시엥   자스타노비치
Dziękuję. Muszę się zastanowić.　　감사합니다. 생각 좀 해볼게요.

지엥쿠예   모제
Dziękuję. Może …　　고마워. 아마도 가능해 ….

　　↳ 명확하지 않을 때 사용하는 표현으로
　　　'음… 아마도 가능해.'의 의미로 이해할 수 있습니다.

 지식 플러스

● może의 다양한 의미

① 정중히 부탁할 때 : móc[무쯔](~할 수 있다) 조동사 3인칭

　　Czy może pan/pani zaczekać? [츠 모제 판/파니 자체카치] 당신은 기다릴 수 있나요?

② 제안할 때 : ~는 어떨까? (불변사)

　　Może pójdziemy na kawę? [모제 푸이제므 나카벵] 커피 마시러 갈까요?

③ 모호한 대답 : 아마도, 어쩌면 (불변사)

　　Może … [모제] 아마도 가능해 ….

거절하기

🎧 01-41

약속이나 초대를 부득이하게 거절할 때는 상대방의 기분이 상하지 않도록 정중하게 거절하는 것이 중요합니다. 유감이나 초대에 대한 감사 표현을 한 후에 거절하는 것도 매너 있게 거절하는 방법 중 하나입니다.

핵심 표현

프셰프라샴   알레   니에   모겡

Przepraszam, ale nie mogę.

미안하지만, 나는 할 수 없어요.

단어를 바꿔서 표현해 보세요.

- **Dziękuję** [지엥쿠엥] 감사하다
  ↳ Dziękuję, ale nie mogę. 고맙지만, 나는 할 수 없어요.

- **Przykro mi** [프쉬크로미] 유감이다
  ↳ Przykro mi, ale nie mogę. 유감이지만, 나는 할 수 없어요.

단어

ale [알레] 하지만

nie mogę [니에 모겡]
나는 ~할 수 없다

(= 영어: I can't)

● Przykro mi *vs.* Przepraszam

Przykro mi는 상황에 대해 '그런 일이 일어나서 슬프다'라는 동정심의 표현 또는 상대와의 공감 표현으로 사용되며, Przepraszam은 사과 또는 누군가의 관심을 끌고 질문하거나 요청할 때 사용합니다.

프쉬크로미   알레   무셍   유쉬   이시치
Przykro mi, ale muszę już iść.   유감이지만, 이제 가야 해요.

프셰프라샴   제   니에   프쉬셰드웸
Przepraszam, że nie przyszedłem.   오지 못해서 미안해요.

프셰프라샴   츠   무비   판   파니   포   폴르스쿠
Przepraszam, czy mówi pan/pani po polsku?   실례합니다, 폴란드어를 할 수 있나요?

니에스테트　알레　니에　맘　　차수

Niestety, ale nie mam czasu.

안타깝지만, 나는 시간이 없어요.

예스템　유쉬　우무비오느　　우무비오나

Jestem już umówiony/umówiona.

다른 약속이 있어요. (직역: 이미 약속을 했어요.)

니에스테트　알레　맘　인네　스포트카니에

Niestety, ale mam inne spotkanie.

안타깝지만, 다른 약속이 있어요.

모제　인늠　라젬

Może innym razem.

다음에 해요. (직역: 다른 시간에.)

> ● Może의 다양한 의미
> 상황에 따라 나중에 그 제안이나 활동을 할 수도 있다는 가능성을 내포하고 있습니다.

※ 영어의 'Maybe another time.'과 같은 의미입니다.

 엿보기 단어

niestety [니에스테트] 안타깝다	umówiony/umówiona
czasu [차수] *r. m.* 시간 (없다)	[우무비오느/우무비오나] 약속한
już [유쉬] 이미	może [모제] 아마도, 어쩌면
spotkanie [스포트카니에] 약속, 만남, 미팅	innym razem [인늠 라젬] 다른 시간에

미안하지만, 나는 할 수 없어요.

Przepraszam,   .

안타깝지만, 나는 시간이 없어요

, ale nie mam czasu.

다른 약속이 있어요. (직역: 이미 약속을 했어요.)

Jestem już   .

↘ 말하는 이의 성별에 맞게 넣어 보세요.

안타깝지만, 다른 약속이 있어요.

, ale mam inne spotkanie.

다음에 해요. (직역: 다른 시간에.)

innym razem.

질문 있어요!

Q. 다른 거절 표현들도 궁금해요!

거절할 때는 상대방이 실망하지 않고 납득할 수 있도록 이유를 말해 주는 것이 좋습니다.
'Przepraszam, ale ~' 표현을 활용한 다양한 거절 표현을 익혀보세요.

Przepraszam, ale + 거절 이유

프세프라샴 　 알레
Przepraszam, ale
미안하지만,

유트로　맘　　에그자민 jutro mam egzamin.	내일 시험이 있어요.
예스템　자엥트　자엥타 jestem zajęty/zajęta.	나는 바빠요.
맘　두조　프라쯔 mam dużo pracy.	해야 할 일이 많아요.
예스템　호르　　호라 jestem chory/chora.	나는 아파요.
질레 시엥 추옝 źle się czuję.	기분이 나빠요.

취미 말하기

🎧 01-43

상대방과 친밀도를 높이는 가장 좋은 대화 주제 중 하나는 '취미'입니다. lubię 단어를 활용하여 자신의 취미를 말해 보세요.

 핵심 표현

루비엠　　　　　　우프라비아치　　　　　스포르트

Lubię uprawiać sport.

나는 스포츠 하는 것을 좋아해요.

단어를 바꿔서 표현해 보세요.

czytać książki [츠타치 크숑쉬키] 독서하다

słuchać muzyki [수하치 무지키] 음악을 듣다

chodzić do kina [호지치 도 키나] 영화관에 가다

spotykać się z przyjaciółmi [스포트카치 시엠 스 프쉬야추우미] 친구를 만나다

robić zakupy [로비치 자쿠프] 쇼핑하다

gotować [고토바치] 요리하다

podróżować [포드루조바치] 여행하다

단어

lubię [루비엠]
(나는) 좋아하다

 Tip 취미를 말할 때는 Lubię 뒤에 동사원형 또는 명사를 사용할 수 있습니다.

> Lubię + 동사원형 / 명사(목적격)

Lubię oglądać telewizję. [루비엠 오글론다치 텔레비지엠]　　나는 TV 보는 것을 좋아해요.

Lubię filmy. [루비엠 휠르므]　　　　　　　　　　　나는 영화를 좋아해요.

루비엥　　포드루제

Lubię podróże.

나는 여행을 좋아해요.

우비엘비암　　　스파체로바치

Uwielbiam spacerować.

나는 산책하는 것을 정말 좋아해요.

uwielbiam도 lubię 처럼
뒤에 동사원형 또는 명사가
위치합니다.

＊ Uwielbiam + 동사원형

우비엘비암　　리테라투레렝

Uwielbiam literaturę.

나는 문학을 정말 좋아해요.

＊ Uwielbiam + 명사 (목적격)

인테레수예영　시엥　스포르템

Interesuję się sportem.

나는 스포츠에 관심이 있어요.

 **엿보기 단어**

podróże [포드루제] r. ż. 여행들을
uwielbiam [우비엘비암] (나는) 정말 좋아하다
spacerować [스파체로바치] 산책하다

literaturę [리테라투렝] 문학을
interesuję się [인테레수예영 시엥] (나는) 관심이 있다
sportem [스포르템] r. m. 스포츠로

나는 스포츠 하는 것을 좋아해요.

Lubię   .

나는 여행을 좋아해요.

Lubię   .

나는 산책하는 것을 정말 좋아해요.

Uwielbiam   .

나는 문학을 정말 좋아해요.

Uwielbiam   .

나는 스포츠에 관심이 있어요.

Interesuję się   .

Q. 상대방의 취미에 대해 어떻게 물어보나요?

'취미'라는 뜻의 hobby를 활용하여 'Jakie jest twoje hobby?(너의 취미가 뭐니?)'라고 질문할 수도 있지만, 일상생활에서는 거의 사용하지 않습니다. 현지인들이 자주 사용하는 표현들을 익혀보세요.

● 존댓말

    쪼 판 파니 루비 로비치
    Co pan/pani lubi robić?   당신은 무엇을 하는 것을 좋아하세요?

    쪼 판 파니 로비 브 볼늠 차시에
    Co pan/pani robi w wolnym czasie?   당신은 여가시간에 무엇을 하세요?

    츰 시엥 판 파니 인테르수예
    Czym się pan/pani interesuje?   당신은 무엇에 관심이 있으세요?

● 반말 : 친한 사이에서

    쪼 루비시 로비치
    Co lubisz robić?   뭘 하는 것을 좋아하니?

    쪼 루비시 브 볼늠 차시에
    Co robisz w wolnym czasie?   여가시간에 뭐 하니?

    츰 시엥 인테르수예쉬
    Czym się interesujesz?   뭐에 관심이 있니?

날짜/요일 표현하기

🎧 01-45

날짜나 요일에 관련된 표현은 일상생활에서 자주 쓰이는 표현입니다. 폴란드어는 '일-월-연도'의 순서로 날짜를 말하며, 월을 표기할 때 문장의 첫 단어가 아니라면 소문자로 쓰는 특징이 있습니다.

 핵심 표현

지샤이 　　　 예스트 　　　 포니에자웨ㅋ

Dzisiaj jest poniedziałek.

오늘은 월요일입니다.

단어를 바꿔서 표현해 보세요.

wtorek [프토레ㅋ] 화요일

środa [시로다] 수요일

czwartek [츠파르테ㅋ] 목요일

piątek [피옹테ㅋ] 금요일

sobota [소보타] 토요일

niedziela [니에젤라] 일요일

단어

dzisiaj [지샤이] = dziś [지시]
오늘

Tip 주말은 weekend [위켄트], 평일은 dzień powszedni [지에인 포흐쉐드니]라고 합니다. '평일엔 뭐해?'라는 질문에서 '평일'은 '평일들(평범한 날들)'로 복수형을 활용합니다.

Spotkajmy się w weekend. [스포트카이므 시엥 브 위켄트] 　　 주말에 만나자.

Co robisz w dni powszednie? [쪼 로비슈 브 드니 포흐세드네] 평일엔 뭐해?

유트로　예스트　프토레크
Jutro jest wtorek.

내일은 화요일입니다.

테라스　예스트　리피에쯔
Teraz jest lipiec.

지금은 7월입니다.

지시　예스트　피에르브쉬　스트츠냐
Dziś jest pierwszy stycznia.

오늘은 1월 1일입니다.

유트로　예스트　피엥트나스트　시에르프냐
Jutro jest piętnasty sierpnia.

내일은 8월 15일입니다.

※ 날짜(1일, 2일 등)는 서수를 사용합니다.

 엿보기 단어

jutro [유트로] 내일   teraz [테라스] 지금

오늘은 월요일입니다.

Dzisiaj jest   .

내일은 화요일입니다.

Jutro jest   .

지금은 7월입니다.

Teraz jest   .

오늘은 1월 1일입니다.

Dziś jest   .

내일은 8월 15일입니다.

Jutro jest   .

Q. 날짜와 요일을 물을 때는 어떻게 말하나요?

요일이나 달/월에 대해 묻는 표현으로는 'Jaki dzisiaj/dziś jest dzień?, Jaki jest teraz miesiąc?'와 한 단어로 묻는 'Kiedy?'가 있습니다. 'Kiedy?'라고 질문할 경우에는 대답할 때 w 전치사와 함께 사용하며 요일이나 월의 형태도 달라집니다. 30~31p. 참고

● 요일

야키 예스트 지샤이 지시 지에인 **Jaki jest dzisiaj/dziś dzień?** (오늘은 무슨 요일입니까?)		키에드 **Kiedy?** (언제?)		
poniedziałek [포니에쟈웨크]	월요일	w poniedziałek [ㅎ 포니자웨크]	월요일에	
wtorek [프토레크]	화요일	we wtorek [베 프토레크]	화요일에	
środa [시로다]	수요일	w środę [ㅎ 시로뎅]	수요일에	

* dzisiaj = dziś (오늘)

● 달, 월

야키 예스트 테라스 미에숑쯔 **Jaki jest teraz miesiąc?** (지금은 무슨 달입니까?)		키에드 **Kiedy?** (언제?)		
styczeń [스트체인]	1월	w styczniu [ㅎ 스투츠뉴]	1월에	
luty [루트]	2월	w lutym [브 루틈]	2월에	
marzec [마제쯔]	3월	w marcu [브 마르쭈]	3월에	
kwiecień [크뷔에체인]	4월	w kwietniu [ㅎ 크휘에트뉴]	4월에	
maj [마이]	5월	w maju [브 마유]	5월에	

기념일 축하하기

축하의 말은 단순히 축하의 뜻 전하는 것을 넘어 나 또한 그 기쁨을 함께 나눈다는 마음을 전달하는 것입니다. 기념일이나 명절 등 다양한 경우에 사용할 수 있는 축하 표현을 익혀보세요.

후슈스트키에고　　　　　　나일렙세고

Wszystkiego najlepszego!

생일 축하해요! (직역: 모든 것이 최고가 되길 바라요!)

단어

najlepszego [나일렙세고]
최고의

● Wszystkiego najlepszego! 표현의 쓰임

생일뿐만 아니라 '이름의 날'에도 서로에게 'Wszystkiego najlepszego!'라고 말합니다. '이름의 날'이란 로마 가톨릭교회의 전통에서 비롯된 명절로, 특정 성인의 축일에 해당하는 이름을 가진 사람들이 그 날을 자신의 축하일로 지내는 것을 말합니다. 한 사람의 이름이 특정 성인의 이름과 같다면 그 성인의 축일이 바로 그 사람의 '이름의 날'이 되기 때문에, 일년 동안 여러 사람들의 '이름의 날'이 있게 됩니다. 축하 내용을 구별하기 위해 'wszystkiego najlepszego' 뒤에 'z okazji urodzin(생일 즈음하여)' 또는 'z okazji imienin(이름날 즈음하여)'라는 표현을 넣어 축하 의미를 구분합니다.

후슈스트키에고　　　나일렙세고　　즈오카지　　우로진
Wszystkiego najlepszego z okazji urodzin. 생일 축하해요.

후슈스트키에고　　　나일렙세고　　즈오카지　　이미에닌
Wszystkiego najlepszego z okazji imienin. 이름날 축하해요.

스토 라트

Sto lat!

생일 축하해요! (직역: 백살!)

> 생일에 부르는 폴란드 전통 노래입니다. 백살까지 장수 하라는 의미로 생일 축하 표현으로 자주 쓰입니다.

나일렙셰 즈체니아

Najlepsze życzenia!

행운을 빌어요!

> ※ 영어 'Best wishes!'와 같은 의미입니다.

그라툴라찌에

Gratulacje!

축하합니다!

> ※ 줄임 표현 : Gratki! 축하!
> 청소년들 사이에서 속어로 사용됩니다.

베소우으ㅎ 시비옹ㅌ

Wesołych świąt!

행복한 명절!

> 폴란드의 가장 큰 명절인 '크리스마스'와 '부활절'에 쓰이는 축원입니다.

 엿보기 단어

sto [스토] 백
lat [라트] 연(년도), 살(나이)

gratulacje [그라툴라찌에] 축하들
świąt [시비옹ㅌ] 명절

생일 축하해요! (직역: 모든 것이 최고가 되길 바라요!)

Wszystkiego   !

생일 축하해요! (직역: 백살!)

Sto   !

행운을 빌어요!

Najlepsze   !

축하합니다!

G   !

행복한 명절!

Wesołych   !

질문 있어요!

Q. 명절에 쓰이는 축언/축원에는 어떤 표현들이 있나요?

폴란드인들은 명절에 서로에게 축하와 행복을 기원하는 전통을 매우 중요하게 여깁니다. 보통 'Boże Narodzenie(크리스마스), Wielkanoc(부활절), Nowy Rok(새해)'에 가족 또는 지인들에게 축언의 말과 함께 서로의 건강과 안녕을 기원합니다. 다양한 명절 축언 및 축원 표현을 익혀보세요.

베소우으ㅎ 시비옹ㅌ 보제고 나로제니아
Wesołych Świąt Bożego Narodzenia!　　　메리크리스마스!

베소우으ㅎ 쉬비옹ㅌ 비엘카노쯔느ㅎ
Wesołych Świąt Wielkanocnych!　　　행복한 부활절!

쉬쳉쉴리베고 노베고 로쿠
Szczęśliwego Nowego Roku!　　　새해 복 많이 받으세요!

즈드로비아 쉬쳉시차 포므실노시치
Zdrowia, szczęścia, pomyślności!　　　건강, 행복, 번영을 빌어요!

 지식 플러스

● Wszystkiego dobrego!
'Wszystkiego dobrego! [후슈스트키에고 도브레고]'는 '모든 것이 잘 되길 바라요!'라는 의미로 명절에 사용하는 축원 중 하나입니다. 그러나 헤어질 때 이별 인사로도 자주 쓰입니다.

생활 표현
익히기

Naprzód!!!

장소 묻기

🎧 02-01

장소를 묻는 표현은 여행 중 가장 많이 쓰는 표현 중 하나입니다. 위치와 관련된 질문은 'Gdzie jest ~?(~은 어디에 있나요?)' 어휘를 활용합니다. 「Gdzie jest + 장소」 구조를 활용하여 다양한 표현을 익혀보세요.

그지에　　　예스트　　　토알레타

Gdzie jest toaleta?

화장실은 어디에 있나요?

단어를 바꿔서 표현해 보세요.

- apteka [아프테카] *r. ż.* 약국

- bank [방크] *r. m.* 은행

- supermarket [수페르마르케트] *r. m.* 슈퍼마켓

- galeria handlowa [갈레리아 한들로바] *r. ż.* 쇼핑몰

- Łazienki Królewskie [와지엔키 크룰레후스키에] 와지엔키 공원

  ↳ 장소명이 복수형인 경우, jest 대신 są [송] (있다)을 사용합니다.
  Gdzie są Łazienki Królewskie?

단어

toaleta [토알레타] 화장실

그지에   예스트   나이블리샤   스타찌아   메트라

Gdzie jest najbliższa stacja metra?

가장 가까운 지하철역은 어디에 있나요?

츠   투   예스트   포스투이   타크수베크

Czy tu jest postój taksówek?

여기가 택시 정류장인가요?

츠   예스트   ㅎ   포블리쥬   레스타우라찌아

Czy jest w pobliżu restauracja?

근처에 식당이 있나요?

츠   토   달레코   블리스코   스통ㅌ

Czy to daleko/blisko stąd?

여기서 머나요/가깝나요?

 엿보기 단어

najbliższy/najbliższa/najbliższe
[나이블리쉬/나이블리샤/나이블리셰] 가장 가까운
stacja metra [스타찌아 메트라] *r. ż.* 지하철역
postój taksówek [포스투이 타크수베크] *r. m.* 택시 정류장

daleko [달레코] 가까이
blisko [블리스코] 멀리
stąd [스통ㅌ] 여기에서

빈 칸에 다양한 어휘를 넣어 보세요.

① _____ (은/는) 어디에 있나요?

Gdzie jest _____?

↳ **najbliższy przystanek autobusowy/tramwajowy**
[나이블리쉬 프쉬스타네크 아우토부소브/트람바요브] *r. m.* 가장 가까운 버스/트램 정류장

najbliższy dworzec kolejowy [나이블리쉬 드보제쯔 콜레요브] *r. m.* 가장 가까운 기차역

najbliższy sklep [나이블레쉬 스클레프] *r. m.* 가장 가까운 마트

najbliższa stacja benzynowa [나이블리샤 스타찌아 벤즈노바] *r. ż.* 가장 가까운 주유소

② 여기가 _____ 인가요?

Czy tu jest _____?

↳ **stacja metra** [스타찌아 메트라] *r. ż.* 지하철역

dworzec autobusowy [드보제쯔 아우토부소브] *r. m.* 버스터미널

muzeum [무제움] *r. n.* 박물관

kawiarnia [카비아르니아] *r. ż.* 카페

restauracja [레스타우라찌아] *r. ż.* 레스토랑

③ 근처에 _____ (이/가) 있나요?

Czy jest w pobliżu _____?

↳ **bankomat** [방코마트] *r. m.* ATM

park [파르크] *r. m.* 공원

kantor [칸토리] *r. m.* 환전소

sklep z pamiątkami [스클레프 스 파몽트카미] *r. m.* 기념품가게

그지에　예스트　나이블리샤　스타찌아　메트라

Gdzie jest najbliższa stacja metra?

가장 가까운 지하철역은 어디에 있나요?

예스트　나　로구

➡ **Jest na rogu.** 　　　　　　　　　코너에 있습니다.

예스트　포　프라베이　스트로니에

➡ **Jest po prawej stronie.** 　　　　　오른쪽에 있습니다.

츠　투　예스트　포스투이　타크수베크

Czy tu jest postój taksówek?

여기가 택시 정류장인가요?

탁

➡ **Tak.** 　　　　　　　　　　　　네.

니에　투　예스트　프쉬스타네크　트람바요브

➡ **Nie, tu jest przystanek tramwajowy.**

아니요, 여기는 트램 정류장입니다.

길 묻기

🎧 02-03

원하는 장소로 가는 방법에 대해 묻는 표현에는 **jak** 단어를 주로 활용합니다. 이동 수단을 이용하여 목적지까지 가는 경우에는 「Jak dojechać do/na＋장소?(~에 어떻게 가나요?)」 구조를 활용하여 물어볼 수 있습니다.

핵심 표현

약　　　　도예하치　　　도　　　방쿠

Jak dojechać do banku?

은행에 어떻게 가나요?

단어를 바꿔서 표현해 보세요.

뜻	주격	do＋소유격
약국	apteka [아프테카] *r. ż.*	apteki [아프테키]
병원	szpital [쉬피탈] *r. m.*	szpitala [쉬피탈라]
호텔	hotel [브로츠와프] *r. m.*	hotelu [호텔루]
슈퍼마켓	supermarket [수페르마르케트] *r. m.*	supermarketu [수페르마르케투]
쇼핑몰	galeria handlowa [갈레리아 한들로바] *r. ż.*	galerii handlowej [갈레리 한들로베이]

뜻	주격	na＋목적격 (큰 개방적인 장소)
역	dworzec [드보제쯔] *r. m*	dworzec [드보제쯔]
공항	lotnisko [로트니스코] *r. n.*	lotnisko [로트니스코]
경찰서	komisariat [코미사리아트] *r. m.*	komisariat [코미사리아트]

단어

jak [약] 어떻게
dojechać [도예하치]
(운송 수단을 타고) 도착하다
do [도] ~에, ~까지

Tip

● dojechać *vs.* dojść
dojechać[도예하치]와 dojść[도이시치]는 둘 다 '도착하다'의 의미를 가지고 있지만, 상황적 쓰임이 다릅니다. dojechać는 운송 수단(자동차, 기차, 자전거 등)을 이용하여 목적지에 가는 것을 의미하며, dojść는 걸어서 목적지에 가는 것을 의미합니다.

약　도이시치　나　프쉬스타네크

Jak dojść na przystanek?

정류장에 어떻게 걸어서 가나요?

「Jak dojść do/na + 장소?」
~에 어떻게 걸어서 가나요?

약　달레코　예스트　스타찌야　메트라

Jak daleko jest stacja metra?

지하철역까지 얼마나 걸리나요?

츠　모즈나　탐　도이시치　피에쇼

Czy można tam dojść pieszo?

저기까지 걸어서 갈 수 있나요?

츠　토　예스트　봐시치바　드로가　도　파르쿠

Czy to jest właściwa droga do parku?

공원으로 가려는데 이 길이 맞나요?

 **엿보기 단어**

przystanek [프쉬스타네크] *r. m.* 정류장
tam [탐] 저기
pieszo [피에쇼] 걸어서

właściwy / właściwa / właściwe
[봐시치브/봐시치바/봐시치베] 올바른, 맞는
droga [드로가] *r. ż.* 길

빈 칸에 다양한 어휘를 넣어 보세요.

① _____ 어떻게 가나요?

Jak dojechać/dojść _____ **?**

    ⤷ na dworzec kolejowy [나 드보제쯔 콜레요브] *r. m.* 기차역에

    na przystanek autobusowy/tramwajowy

    [나 프쉬스타네크 아우토부소브/트람바요브] *r. m.* 버스/트램 정류장에

    do sklepu [도 스클레푸] *r. m.* 마트에

    do stacji benzynowej [도 스타찌이 벤즈노베이] *r. ż.* 주유소에

② _____ 가려는데 이 길이 맞나요?

Czy to jest właściwa droga _____ **?**

    ⤷ do Pałacu Kultury i Nauki

    [도 파우아쭈 쿨투르 이 나우키] 문화과학궁전

    do muzeum [도 무제움] *r. n.* 박물관에

    do Zamku Królewskiego

    [도 잠쿠 크롤레브스키에고] 바르샤바 왕궁

③ _____ (까지) 얼마나 걸리나요?

Jak daleko jest _____ **?**

    ⤷ bankomat [방코마트] *r. m.* ATM

    park [파르크] *r. m.* 공원

    kantor [칸토르] *r. m.* 환전소

    sklep z pamiątkami [스클레프 스 파묭트카미] *r. m.* 기념품가게

프셰프라샴　　약　도이시치　나　프쉬스타네ㅋ
Przepraszam, jak dojść na przystanek?

실례합니다, 정류장에 어떻게 걸어서 가나요?

프로솅　이시치　짜우으　차스　프로스토
➡ **Proszę iść cały czas prosto.**　　　　계속 직진하세요.

프로솅　스크렝치치　브　레보
➡ **Proszę skręcić w lewo.**　　　　좌회전하십시오.

츠　모즈나　탐　도이시치　피에쇼
Czy można tam dojść pieszo?

저기까지 걸어서 갈 수 있나요?

탁　토　니에달레코
➡ **Tak, to niedaleko.**　　　　네, 멀지 않습니다.

니에　트세바　예하치　아우토부셈
➡ **Nie, trzeba jechać autobusem.**　　　　아니요, 버스로 가야 합니다.

길 안내 표현

길 안내 표현 중 가장 많이 쓰이는 표현들을 익혀보세요.

● 위치 표현

> 그지에 예스트
> **Gdzie jest** + 장소 : ~은 어디에 있나요?

예스트 나 흐프로스트
jest na wprost.

~ 맞은편에 있습니다.

예스트 나 로구
jest na rogu.

~ 모서리에 있습니다.

예스트 포 레베이 스트로니에
jest po lewej stronie.

~ 오른쪽에 있습니다.

예스트 포 프라베이 스트로니에
jest po prawej stronie.

~ 왼쪽에 있습니다.

토 예스트 블리스코
To (jest) blisko. 가까워요.

토 예스트 달레코
To (jest) daleko. 멀어요.

● 방향 표현

> 약 도예하치 도이시치 도 나
> **Jak dojechać/dojść do/na** + 장소 : ~에 어떻게 (걸어서) 가나요?

프로셍 예하치 이시치 프로스토
Proszę jechać/iść prosto.

직진하십시오.

프로셍 프세이시치 프세스 울리쩽
Proszę przejść przez ulicę.

길을 건너십시오.

프로셍 스크렝치치 브 레보
Proszę skręcić w lewo.

좌회전하십시오.

프로셍 스크렝치치 흐 프라보
Proszę skręcić w prawo.

우회전하십시오.

길에서 만나는 Nowe słowa

폴란드의 도로 표지판을 보면, 길 이름 앞에 **ul.** 또는 **al.** 등의 약어가 적혀 있는 것을 볼 수 있습니다. 표지판에 쓰여진 약자와 읽는 법을 익혀보세요.

● 주소 및 약자

단어	약자	의미
ulica [울리짜]	ul.	길
aleja [알레야]	al.	대로
plac [플라쯔]	pl.	광장
skwer [스크페리]		정방형
zaułek [자우왜크]		(막다른) 골목
rondo [론도]		로터리
osiedle [오시에들레]	os.	아파트 단지
mieszkanie [미에쉬카니에]	m.	호 (아파트의 호)

ulica

zaułek

rondo

aleja

skwer

 Tip ● 주소 읽기

폴란드의 주소는 '길 이름-번지-우편번호-도시' 순으로 표기합니다. 특이한 점은 도로명과 번지수로 위치 확인이 가능하기 때문에 건물 이름이 없다는 것입니다.

ul. Cicha 12 m. 16,
└도로 이름 └번지 └문 번호/호,

00-018 Warszawa
└우편번호 └도시 이름

대중교통 이용하기

🎧 02-05

여행 중 대중교통에 관한 표현은 필수 표현 중 하나입니다. 폴란드의 대중교통에는 '버스, 지하철, 트램' 등이 있습니다. 특이한 점은 모두 같은 티켓을 사용한다는 것입니다. 대중교통 이용을 위한 다양한 표현을 익혀보세요.

핵심 표현

그지에　　　모겡　　　쿠피치　　　빌레트

Gdzie mogę kupić bilet?

어디에서 티켓을 살 수 있나요?

단어를 바꿔서 표현해 보세요.

się przesiąść [시엥 프세숑시치] 환승하다

sprawdzić rozkład jazdy

[스프라브지치 로스콰트 야즈드] 시간표를 확인하다

단어

mogę [모겡] (나는) 할 수 있다
kupić [쿠피치] 사다

츠 텐 아우토부스 트람바이 예제 도 쩬트룸

Czy ten autobus/tramwaj jedzie do centrum?

이 버스/트램이 시티센터에 가나요?

일레 프쉬스탄쿠ㅎ 조스타워 도 무제움

Ile przystanków zostało do muzeum?

여기서 박물관까지 몇 정거장 남았나요?

키에드 프쉬예제 나스템프느 아우도부스 트람바이

Kiedy przyjedzie następny autobus/tramwaj?

다음 버스/트램이 언제 오나요?

프로솅 빌레트 도 콘트롤리

Proszę bilety do kontroli.

티켓을 보여주세요.

※ 직원이 티켓을 확인하는 경우가 많습니다.

 엿보기 단어

---

jedzie [예제] (그/그녀/이것) 가다
ile [일레] 얼마
zostało [조스타워] (이것은) 남았다
przyjedzie [프쉬예제] (그/그녀/이것) 오다

następny/następna/następne
[나스템프느/나스템프나/나스템프네] 다음
do kontroli [도 콘트롤리] r. ż. 확인을 위한

1 어디에서 _____ 수 있나요?

Gdzie mogę _____ **?**

┈┈→ skasować bilet [스카소바치 빌레트] 티켓을 펀칭하다

przesiąść się do linii numer dwa

[프세숑시치 시엥 도 린니 누메르 드바] 2호선으로 갈아타다

2 이 버스/트램이 _____ 가나요?

Czy ten autobus/tramwaj jedzie _____ **?**

na Stare Miasto [나 스타레 미아스토] *r. n.* 구시가지까지
na Uniwersytet Warszawski [나 우니베르스테트 바르샤ㅎ스키] 바르샤바 대학교까지
na Dworzec Centralny [나 드보제쯔 쩬트랄느] *r. m.* 중앙역까지
do Galerii Mokotów [도 갈라리 모코투ㅎ] *r. ż.* 갈레리아 모코투프 백화점까지
do Muzeum Narodowego [도 무제움 나로도베고] *r. n.* 국립박물관까지

3 여기서 _____ 까지 몇 정거장 남았나요?

Ile przystanków zostało do _____ **?**

Pałacu Kultury i Nauki [파와쭈 쿨투르 이 나우키] 문화과학궁전에
Łazienek [와지에네ㅋ] 와지엔키 공원에
Centrum Nauki Kopernik [쩬트룸 나우키 코페르니ㅋ] 코페르니쿠스 과학센터에
Pałacu w Wilanowie [파와쭈 브 빌라노비에] *r. m.* 빌라누프 궁전에

<small>프로셍 빌레트 도 콘트롤리</small>

Proszę bilety do kontroli.

티켓을 보여주세요.

<small>프로셍</small>

➡ **Proszę.**　　　　　　　　　　　　여기 있어요.

<small>니에스테트　니에　맘</small>

➡ **Niestety, nie mam.**　　　　　안타깝게도, 없어요.

<small>츠　텐　아우토부스　트람바이　예제　도　쩬트룸</small>

Czy ten autobus/tramwaj jedzie do centrum?

이 버스/트램이 시티센터에 가나요?

<small>탁</small>

➡ **Tak.**　　　　　　　　　　　　　네.

<small>니에　무시　판　파니　예하치　아누토부셈　트람바옘　누메ㄹ　오솀</small>

➡ **Nie, musi pan/pani jechać autobusem/tramwajem numer osiem.**

아니요, 8번 버스/트램으로 가야 해요.

기차 타기

🎧 02-07

폴란드에는 일반 기차와 고속 기차가 있으며, 티켓은 현장 구매와 인터넷 예매가 있습니다. 매표소에서 사용할 수 있는 표현들과 기차 안에서 승객들 간의 의사소통에 관한 표현도 함께 익혀보세요.

포프로셍 빌레트 도 바르샤브
Poproszę bilet do Warszawy.

바르샤바행 표 한 장 주세요.

단어를 바꿔서 표현해 보세요.

뜻	주격	소유격
바르샤바	Warszawa [바르샤바]	Warszawy [바르샤브]
크라쿠프	Kraków [크라쿠프]	Krakowa [크라코바]
브로츠와프	Wrocław [브로츠와프]	Wrocławia [브로츠와비아]
우치	Łódź [우치]	Łodzi [워지]
포즈난	Poznań [포즈나인]	Poznania [포즈나니아]

단어

bilet [빌레트] *r. m.* 표

Tip

● Poproszę *vs.* Proszę

① 둘 다 무엇인가를 요청할 때 쓰이지만, **Poproszę**는 현지인들이 자주 쓰는 보편적인 표현으로 **Proszę** 보다 더 정중한 느낌을 가집니다. 친구 또는 윗사람이 아랫사람에게 무엇인가 요청할 때는 둘 다 사용합니다.

Poproszę bilet do Wrocławia. [포프로셍 빌레트 도 브로츠와비아]

브로츠와프행 표 한 장 주세요.

Proszę kawę. [프로셍 카벵] 커피 주세요.

② **Proszę**는 '~해 주세요'라는 의미로 동사원형과 함께 정중한 요청에 사용합니다.

Proszę chwilę zaczekać. [프로셍 흴렝 자체카치] 잠시만 기다려 주세요.

포프로셍 빌레트 노르말느

Poproszę bilet normalny.

일반 표 한 장 주세요.

bilet는 단수로 '한 장'이란 뜻이 내포되어 있습니다.

※ Poproszę 대신 Proszę 사용도 가능합니다.

츠 예스트 즈니쉬카 들라 스투덴투흥

Czy jest zniżka dla studentów?

학생을 위한 할인이 있나요?

즈 크투레고 페로누 오드예즈드자 텐 포총크

Z którego peronu odjeżdża ten pociąg?

이 기차가 어느 플랫폼에서 출발하나요?

츠 토 미에이스쩨 예스트 볼네

Czy to miejsce jest wolne?

여기 자리 있나요?

 엿보기 단어

normalny/normalna/normalne
[노르말느/노르말나/노르말네] 일반, 보통

zniżka [즈니쉬카] *r. ż.* 할인

dla [들라] ~에게, ~을 위해

studentów [스투덴투흥] *r. m.* 학생들(을 위한)

z którego peronu [즈 크투레고 페로누] 어느 플랫폼에서

odjeżdża [오드예즈드자] (그/그녀/이것) 출발하다

pociąg [포총크] *r. m.* 기차

miejsce [미에이스쩨] *r. n.* 자리, 좌석, 장소

wolny/wolna/wolne [볼느/볼나/볼네]
자유, 비어있는

① _____ 표 한 장 주세요.

Poproszę bilet _____ .

> ulgowy [울고브] 할인의　　　　　　　　　＊bilet ulgowy : 할인 티켓
> studencki [스투덴쯔키] 대학생의
> rodzinny [로진느] 가족의
> weekendowy [위켄도브] 주말의
> w obie strony [브 오비에 스트로느] 왕복

② 이 기차가 _____ 출발하나요?

_____ odjeżdża ten pociąg?

> O której (godzinie) [오 크투레이 (고지니에)] 몇 시에
> Skąd [스콩트] 어디에서

③ _____ 할인이 있나요?

Czy jest zniżka _____ ?

> dla uczniów [들라 우츠뉴ㅎ] r. m. 학생들을 위한
> dla dzieci [들라 지에치] r. n. 아이들을 위한
> dla grup [들라 그루ㅍ] r. ż. 그룹을 위한
> dla seniorów [들라 세뇨루ㅎ] r. m. 노인들을 위한

츠　토　미에이스쩨　예스트　볼네
Czy to miejsce jest wolne?

여기 자리 있나요?

탁　프로솅　우송시치
→ **Tak, proszę usiąść.**　　　　　네, 앉으세요.

니에스테트　니에
→ **Niestety nie.**　　　　　안타깝게도 아니요.

츠　예스트　즈니쉬카　들라　스투덴투ㅎ
Czy jest zniżka dla studentów?

학생을 위한 할인이 있나요?

프로솅　포카자치　카르텡　아이시ㅋ
→ **Proszę pokazać kartę ISIC.**　　ISIC 카드를 보여주세요.

✎ ISIC 카드를 보유한 외국인 학생은 '학생 할인'을 받을 수 있습니다.

프로솅　포카자치　레기트마찌엥　스투덴쯔콩
→ **Proszę pokazać legitymację studencką.**

학생증을 보여주세요.

택시 타기

🎧 02-09

택시는 비싼 이동 수단이지만 목적지까지 편리하고 정확하게 갈 수 있기 때문에 지리에 익숙하지 않은 여행객이라면 택시 이용이 안전합니다. 목적지부터 추가 서비스 요청까지 다양한 표현을 익혀보세요.

★★★★
핵심 표현

프로솅   므니에   자비에시치   포드   텐   아드레스

Proszę mnie zawieźć pod ten adres.

이 주소로 가주세요.

단어를 바꿔서 표현해 보세요.

na ulicę Marszałkowską [나 울리쩽 마르샤우코흐스콩]

r. ż. 마르샤우코프스카 거리로

na lotnisko [나 로트니스코] *r. n.* 공항으로

na Dworzec Centralny [나 드보제쯔 쩬트랄느]

r. m. 중앙역으로 (바르샤바의 중앙역)

do centrum [도 쩬트룸] *r. n.* 시티센터로

do Novotelu [도 노보텔루] *r. m.* 노보텔로 (바르샤바의 유명 호텔)

단어

zawieźć [자비에시치]
데리고 가다
pod [포드] ~로
ten [텐] 이, 그
adres [아드레스] 주소

Tip 폴란드 택시(taksówka [타크수후카])는 '빈 차' 또는 '예약된 차'라는 별도의 표시가 없기 때문에 택시 정류장 또는 길에 정차되어 있는 택시를 탈 때는 먼저 탑승이 가능한지를 물어보는 것이 일반적입니다. 기사분이 여자일 경우에는 pan 대신 pani를 사용합니다.

Czy jest pan wolny/pani wolna? [츠 예스트 판 볼느/파니 볼나]

타도 될까요? (= 지금 바쁘세요?)

프로셍   시엥   투   자트쉬마치

Proszę się tu zatrzymać.

여기서 내려 주세요.

츠   모제   판   예하치   쉽체이

Czy może pan jechać szybciej?

더 빨리 가 주시겠어요?

※ 운전 기사가 여성일 경우 : pan 대신 pani를 사용합니다.

일레   코쉬투예   쿠르스   도   쩬트룸

Ile kosztuje kurs do centrum?

센터까지 요금이 얼마인가요?

야카   예스트   스타흐카   자   킬로메트르

Jaka jest stawka za kilometr?

km당 요금은 얼마인가요?

 **엿보기 단어**

zatrzymać się [자트쉬마치 시엥] 멈추다
jechać [예하치] 가다
szybciej [쉽체이] 더 빨리

kurs [쿠르스] *r. m.* 코스
stawka [스타흐카] *r. ż.* 값, 요금
kilometr [킬로메트르] *r. m.* 킬로미터, km

① _____ 주시겠어요?

Czy może pan _____ ?

- → otworzyć bagażnik [오트보제치 바가즈니크] 트렁크를 열다
- mi pomóc z bagażem [미 포무쯔 즈 바가젬] 나에게 짐 싣는 것을 돕다
- jechać wolniej [예하치 볼니에이] 더 천천히 가다
- włączyć klimatyzację [뷍츠치 클리마트자치엥] 에어컨을 켜다
- wyłączyć ogrzewanie [브윙츠치 오그제바니에] 히터를 끄다

② _____ 요금이 얼마인가요?

Ile kosztuje kurs _____ ?

- → na lotnisko [나 로트니스코] *r. n.* 공항까지
- na dworzec [나 드보제쯔] *r. m.* 기차역까지
- do hotelu Novotel [도 호텔루 노보텔] *r. m.* 노보텔 호텔까지
- do galerii Arkadia [도 갈레리 아르카디아] *r. ż.* 아르카디아 쇼핑센터까지

③ _____ 내려 주세요.

Proszę się zatrzymać _____ .

'tu (여기)'가 아닌 경우에는 어순이 달라집니다.

- → tam [탐] 저기
- przed tym budynkiem [프세드 틈 부든키엠] 이 건물 앞에서
- przed tym sklepem [프세드 틈 스클레펨] 이 가게 앞에서
- na następnych światłach [나 나스텡프느흐 시뷔아트와흐]
  다음 신호등에서

츠 예스트 판 볼느
Czy jest pan wolny?

타도 될까요? (= 지금 바쁘세요?)

탁 프로셍 휘샤다치
➡ **Tak, proszę wsiadać.**　　　　　네. 타세요.

니에스테트 니에
➡ **Niestety nie.**　　　　　안타깝게도 아니요.

츠 모제 판 예하치 쉽체이
Czy może pan jechać szybciej?

더 빨리 가 주시겠어요?

탁 오츠뷔시체
➡ **Tak. Oczywiście.**　　　　　네. 물론이죠.

니에스테트 니에 투타이 예스트 오그라니체니에 도 트세제스투 킬로메트루ᇹ
➡ **Niestety nie, tutaj jest ograniczenie do 30 kilometrów**

나 고지넹
na godzinę.

안타깝게도 아니요, 여기에는 30km/h 제한이 있습니다.

렌터카 이용하기

🎧 02-11

대중교통 이외에 여유로운 이동을 원한다면 렌터카를 이용하는 방법도 있습니다. 폴란드는 아직까지 수동 변속 차량이 많기 때문에 렌트할 때 automat(자동 변속 차량)인지 꼭 확인해야 합니다. 차를 렌트할 때 쓰이는 다양한 표현을 익혀보세요.

핵심 표현

흐쩽　　브나용치　　사모후트　　나　　예든　　지에인

Chcę wynająć samochód na jeden dzień.

자동차를 하루 렌트하고 싶어요.

단어를 바꿔서 표현해 보세요.

- dwa dni [드바 드니] 이틀
- trzy dni [트쉬 드니] 삼일
- tydzień [트지에인] 일주일
- miesiąc [미에숑쩨] *r. m.* 한 달

단어

chcę [흐쩽]
(나는) 하고 싶다, 원하다
wynająć [브나용치] 렌트하다
samochód [사모후트]
r. m. 자동차 (승용차)
jeden dzień [예든 지에인]
r. m. 하루

 여행객이 폴란드에서 렌터카를 이용하려면, 국제운전면허증과 여권이 필요합니다.

A: Proszę dowód tożsamości. [프로셍 도부ㄷ 토쉬사모시치]　신분증 주세요.

B: Tu jest mój paszport. [투 예스트 무이 파쉬포르트]　제 여권은 여기 있어요.

A: Proszę prawo jazdy. [프로셍 프라보 야즈드]　운전면허증 주세요.

B: Tu jest moje prawo jazdy. [투 예스트 모예 프라보 야즈드]　제 운전면허증은 여기 있어요.

포프로솅　콤비

Poproszę kombi.

스테이션 왜건을 주세요.

야키　예스트　쩬니크

Jaki jest cennik?

요금이 어떻게 되나요?

츠　쩨나　오베이무예　우베스피에체니에

Czy cena obejmuje ubezpieczenie?

보험이 가격에 포함되어 있나요?

일레　브노시　카우찌야

Ile wynosi kaucja?

보증금은 얼마예요?

 **엿보기 단어**

cennik [쩬니크] *r. m.* 가격표
cena [쩨나] *r. ż.* 가격
obejmuje [오베이무예] (그/그녀/이것) 포함하다

ubezpieczenie [우베스피에체니에] *r. n.* 보험
kaucja [카우찌야] *r. ż.* 보증금

1 _____ (은/는) 얼마예요?

Ile wynosi _____ **?**

⌐→ opłata za ubezpieczenie [오프와타 자 우베스피에체니에] 보험료

kara za nieterminowe oddanie samochodu

[카라 자 니에테르미노베 오드다니에 사모호두] 연체료

opłata za szkody [오프와타 자 쉬코드] 파손 수수료

2 _____ 주세요.

Poproszę _____ **.**

⌐→ kompakt [콤파크트] *r. m.* 소형 자동차를

sedan [세단] *r. m.* 세단을

samochód z manualną skrzynią biegów

[사모후트 즈 마누알농 스크쉬뇽 비에구브] *r. m.* 수동 변속 차량을

automat [아우토마트] *r. m.* 자동 변속 차량을

3 _____ (은/는) 여기 있어요.

Tu jest _____ **.**

⌐→ moje prawo jazdy [모예 프라보 야즈드] *r. n.* 제 운전면허증

mój paszport [무이 파쉬포르트] *r. m.* 나의 여권

moja wizytówka [모야 비즈투흐카] *r. ż.* 나의 명함

츠　쩨나　오베이무예　우베스피에체니에

Czy cena obejmuje ubezpieczenie?

보험이 가격에 포함되어 있나요?

탁　후슈스트코　예스트　블리초네　흐　쩨넹

➡ **Tak, wszystko jest wliczone w cenę.**

네, 모두 가격에 포함되어 있습니다.

니에　자　우베스피에체니에　트세바　도다트코보　자파치치

➡ **Nie, za ubezpieczenie trzeba dodatkowo zapłacić.**

아니요, 보험료를 추가로 지불해야 합니다.

야키　예스트　쩬니ㅋ

Jaki jest cennik?

요금이 어떻게 되나요?

지에벵제숑ㅌ　지에벵치　즈워트ㅎ　자　도벵

➡ **Dziewięćdziesiąt dziewięć złotych za dobę.**

하루에 99즈워티입니다.

잘레즈　오드　클라스　포야즈두

➡ **Zależy od klasy pojazdu.**　　　　차량 등급에 따라 다릅니다.

주유소 이용하기

🎧 02-13

렌터카를 이용한다면 주유소 이용은 필수 코스일 것입니다. 폴란드 대부분의 주유소는 셀프서비스로, 연료를 직접 넣고 계산대에서 연료 비용을 지불합니다. 여행자라면 사용법이 익숙하지 않을 수 있으므로, 도움이 필요한 상황에서 유용하게 쓸 수 있는 표현들을 미리 익혀보세요.

핵심 표현

프로솅 도 페우나
Proszę do pełna.

가득 주세요.

단어를 바꿔서 표현해 보세요.

- **za pięćdziesiąt złotych** [자 피엔제숑트 즈워트ㅎ] 50즈워티에
- **za sto złotych** [자 스토 즈워트ㅎ] 100즈워티에
- **benzynę** [벤즈녱] 휘발유를
- **LPG** [엘페게] 엘피지 (가스)

Tip ● 주유소 이용 후 결제하기

폴란드의 주유소는 24시간 편의점과 함께 있으며, 모든 계산은 편의점 안에서 이루어집니다. 주유를 마치면 사용한 주유기의 번호를 기억해 두고 편의점 직원에게 알려주면 됩니다. 고객의 편의를 돕기 위해 직원이 주유 중인 고객에게 다가오는 경우도 있으므로, 도움이 필요하지 않은 경우에는 아래 표현을 사용해 보세요.

A: Czy mogę w czymś pomóc? [츠 모겡 ㅎ 츠므시 포무쯔]   도와드릴까요?

B: Zatankuję sam/sama, dziękuję. [자탄쿠엥 삼/사마 지엥쿠엥]

혼자 주유할게요, 감사합니다.

무셍 　　자탄코바치 　　팔리보
Muszę zatankować paliwo.

연료를 주유해야 합니다.

드스트르부토르 　　누메ㄹ 　피엥치 　프로셍
(Dystrybutor) numer pięć proszę.

5번 (주유기) 부탁드려요.

> 현지에서는 numer pięć 대신 piątka라고 표현하기도 합니다. piątka는 숫자 서수로 '다섯 번째'를 의미합니다.

파크투라 　츠 　파라곤
Faktura czy paragon?

인보이스 드릴까요 영수증 드릴까요?

프와쩽 　카르통
Płacę kartą.

카드로 지불할게요.

 엿보기 단어

muszę [무셍] (나는) ~해야 하다	paragon [파라곤] *r. m.* 영수증
zatankować [자탄코바치] 주유하다	płacę [프와쩽] (나는) 지불하다
paliwo [팔리보] 연료를	kartą [카르통] *r. ż.* 카드로
faktura [파크투라] *r. ż.* 인보이스	

① _____ 주유해야 합니다.

Muszę zatankować   .

⌐→ benzynę [번즈넹] 휘발유를

gaz [가스] 가스를

olej napędowy [오레이 나펭도브] 경유를

② _____ 부탁드려요.

proszę.

⌐→ (Dystrybutor) numer jeden [(드스트르부토르) 누메ㄹ 예덴] 1번(주유기)을

(Dystrybutor) numer dwa [(드스트르부토르) 누메ㄹ 드부] 2번(주유기)을

(Dystrybutor) numer trzy [(드스트르부토르) 누메ㄹ 트쉬] 3번(주유기)을

(Dystrybutor) numer cztery [(드스트르부토르) 누메ㄹ 츠테르] 4번(주유기)을

(Dystrybutor) numer sześć [(드스트르부토르) 누메ㄹ 세시치] 6번(주유기)을

③ _____ 지불할게요.

Płacę   .

⌐→ zbliżeniowo [즈블리제니오보] 비접촉식으로

gotówką [고투브콩] 현금으로

telefonem [텔레포넴] 휴대폰으로

프와쩽　카르통

Płacę kartą.

카드로 지불할게요.

오츠비시체　　　프로솅

➡ Oczywiście, proszę.

물론이죠, 여기 있어요

프쉬크로　미　알레　테르미날　니에　쟈와

➡ Przykro mi, ale terminal nie działa.

죄송하지만, 단말기가 고장났습니다.

파크투라　츠　파라곤

Faktura czy paragon?

인보이스 드릴까요 영수증 드릴까요?

포프로솅　파크투렝

➡ Poproszę fakturę.

인보이스를 주세요.

포프로솅　파라곤

➡ Poproszę paragon.

영수증을 주세요.

폴란드의 대중교통

폴란드에는 다양한 대중교통 수단이 있습니다. 트램이나 트롤리버스처럼 생소한 이동 수단과 탑승 시 필요한 티켓 구매 등의 정보를 익혀보세요.

● 지하철 (metro)

폴란드에는 지하철이 활성화되어 있지 않습니다. 폴란드의 수도인 바르샤바에만 지하철이 운행되고 있으며, M1과 M2라는 2개의 노선으로 구성되어 있습니다.

● 트램 (tramwaj)

도로 위에 깔린 레일 위를 주행하는 트램은 바르샤바에만 16개가 설치되어 있을 만큼 활성화되어 있으며, 버스나 차량 등의 교통체증이 있는 경우에도 문제없이 이동할 수 있는 장점 때문에 폴란드인들이 많이 애용하는 교통수단입니다.

● 버스와 트롤리버스 (autobus i trolejbus)

폴란드의 대표적인 교통수단은 버스입니다. 모든 도시에서 이용이 가능하며, 버스 이외에도 트롤리버스(trolejbus)가 있습니다. 트롤리버스는 외부의 전기를 직접 받아 연료로 이용하는 버스로 그디니아(Gdynia), 루블린(Lublin), 티히(Tychy) 도시에서 볼 수 있습니다.

● 기차 (pociąg)

기차는 일반 열차와 고속 열차(Intercity, Pendolino)가 있으며, 티켓은 기차역 매표소(kasa biletowa) 구매와 인터넷 예매가 있습니다. 기차 티켓은 출발일이 다가올수록 비싸지기 때문에 미리 온라인에서 예매해 놓는 것이 좋습니다. 좌석은 가격에 따라 퍼스트 클래스(klasa pierwsza)와 세컨드 클래스(klasa druga)로 나누어져 있으며, 기차에서도 티켓 확인 및 통제(kontrola biletów)가 있으므로 티켓을 잃어버리지 않도록 주의해야 합니다.

● 티켓 구매

폴란드에서는 지하철, 트램, 버스를 하나의 티켓으로 이용합니다. 일회용 티켓은 없으며, '20분, 75분, 90분, 일일권, 주말권' 등으로 이용 시간에 따라 구분되어 판매합니다. 시간 단위로 티켓을 구매하고 구매한 시간 내에서는 무제한으로 탑승과 환승이 가능하며, 지역마다 시간과 금액의 차이가 있습니다. 티켓 구매는 '자동판매기(biletomat), 편의시설(kiosk), 앱(aplikacja)'을 통해 구매할 수 있습니다. 대중교통 이용 시, 직원이 티켓을 확인하는 경우가 많으며 티켓이 없거나 펀칭(티켓 펀칭: 티켓에 탑승 시간이 표기됨) 되어 있지 않은 경우에는 벌금이 부과됩니다.

● 교통 앱 : jakdojadę.pl

50개의 도시에서 환승, 차량 지연, 시간표 변경, 도보 시간 및 기타 여러 매개 변수를 고려하여 최적의 교통수단을 찾아주는 매우 유용한 교통 앱입니다. 티켓도 이 앱을 통해 구매가 가능하기 때문에 목적지까지 가는 대중교통의 티켓을 미리 예매할 수 있습니다.

대중교통 이용 시 만나는 Nowe słowa

대도시에서는 대중교통 이용 시 누구나 쉽게 알아볼 수 있도록 영어와 함께 표기된 표지판을 볼 수 있습니다. 장소를 묻는 'Gdzie jest ~?'(~은 어디에 있나요?)' 표현을 활용하여 원하는 위치를 물어볼 수 있습니다.

● 표지판

wejście [베이시체] 입구

wyjście [브이시체] 출구

bramka [브람카] 개찰구

kasownik [카소브니크] 티켓 펀칭기

biletomat [빌레토마트] 자동판매기

peron [페론] 플랫폼

kasa biletowa [카사 빌레도바] 매표소

자동판매기   티켓 펀칭기

쇼핑하기

🎧 02-15

해외여행 시, 쇼핑은 여행의 꽃이라고 할 정도로 여행자들에게 설렘과 즐거움을 선사합니다. 「Czy jest＋물건?(~이 있나요?)」 구조를 활용하여 원하는 물건이 있는지 물어볼 수 있습니다.

핵심 표현

츠   예스트   쩨라미카   즈   볼레스와흐짜

Czy jest ceramika z Bolesławca?

볼레스와비에츠 도자기가 있나요?

단어를 바꿔서 표현해 보세요.

- ptasie mleczko [프타시에 믈레츠코] *r. m.* 폴란드 전통 과자
- czekolada Wedla [체콜라다 베들라] *r. ż.* 베델 초콜릿
- wódka [부드카] *r. ż.* 보드카
- krówki [크루흐키] *r. ż.* 폴란드 퍼지 사탕
  ↳ Czy są krówki?
- kosmetyki Ziai [코스메트키 자이] *r. m.* 지아야 화장품
  ↳ Czy są kosmetyki Ziai?

단어

ceramika z Bolesławca

[쩨라미카 즈 볼레스와흐짜]

r. ż. 볼레스와비에츠 도자기

찾는 물건이 복수일 때는 jest 대신 3인칭 복수인 są을 활용합니다.

슈캄 코슐리

Szukam koszuli.

셔츠를 찾고 있어요.

츠 모겡 토 프쉬미에즈치

Czy mogę to przymierzyć?

이것을 입어/신어봐도 되나요?

※ przymierzyć : 영어의 'try on'과 같은 의미입니다.

츠 예스트 비엥크쉬 로즈미아르

Czy jest większy rozmiar?

더 큰 사이즈 있나요?

노셍 로즈미아르 엠

Noszę rozmiar M.

나는 M 사이즈를 입어요.

 **엿보기 단어**

szukam [슈캄] (나는) 찾다	większy/większa/większe
koszuli [코슐리] *r. ż.* 셔츠 (없다)	[비엥크쉬/비엥크샤/비엥크셰] 더 큰
przymierzyć [프쉬미에즈치] 입어보다, 신어보다	noszę [노셍] (나는) 착용하다
	rozmiar [로즈미아르] *r. m.* 사이즈

빈 칸에 다양한 어휘를 넣어 보세요.

❶ _____ 있나요?

Czy jest   **?**

    → mniejszy rozmiar [므니에이쉬 로즈미아르] 더 작은 사이즈

       inny kolor [인느 콜로르] 다른 색상

       inny fason [인느 파손] 다른 모양

❷ _____ (을/를) 찾고 있어요.

Szukam   **.**

    → bluzki [블루스키] *r. ż.* 블라우스 (없다)

       płaszcza [퐈쉬차] *r. m.* 코트 (없다)

       torebki [토렙키] *r. ż.* 가방 (없다)

       perfum [페르품] *r. m.* 향수 (없다)

❸ _____ 입어/신어봐도 되나요?

Czy mogę przymierzyć   **?**

    → tę spódnicę [텡 스푸드니쩽] *r. ż.* 이 치마를

       ten sweter [텐 스페테르] *r. m.* 이 니트를

'to (이것)'가 아닌 경우에   tę bluzkę [텡 블루스켕] *r. ż.* 이 블라우스를

는 어순이 달라집니다.   te spodnie [테 스포드니에] 이 바지를

       te buty [테 부트] *r. m.* 이 신발을

츠   모겡   토   프쉬미에즈치
Czy mogę to przymierzyć?

이것을 입어/신어봐도 되나요?

탁   탐   에스트   프쉬미에잘니아
➡ **Tak, tam jest przymierzalnia.**　　　　네, 피팅룸이 저기 있어요.

탁   프로솅   스타농치   흐   콜레이쩨
➡ **Tak, proszę stanąć w kolejce.**　　　　네, 줄을 서세요.

츠   에스트   비엥크쉬   로즈미아르
Czy jest większy rozmiar?

이거 큰 사이즈 있나요?

탁   유쉬   포다옝
➡ **Tak, już podaję.**　　　　네, 금방 드릴게요.

프쉬크로   미   알레 유쉬 니에   마
➡ **Przykro mi, ale już nie ma.**　　　　죄송하지만, 이미 다 팔렸습니다.

계산하기

🎧 02-17

폴란드는 현금과 카드 결제 중, 카드 결제를 더 선호하는 편입니다. 현금도 여전히 사용되고 있지만 디지털 결제를 선호하는 젊은 세대로 인해 현금의 사용 빈도가 조금씩 줄어들고 있습니다. NFC를 이용한 휴대폰 결제도 가능하므로, 계산할 때 필요한 다양한 표현들을 익혀보세요.

 핵심 표현

츠   모즈나   프와치치   카르통

Czy można płacić kartą?

카드로 계산할 수 있나요?

단어를 바꿔서 표현해 보세요.

gotówką [고투브콩] *r. ż.* 현금으로

zbliżeniowo [즈빌리제니오보] 비접촉식으로

telefonem [텔레포넴] *r. m.* 휴대폰으로

단어

można [모즈나] ~할 수 있다

 Tip 한국에서는 카드 결제 시 사인을 하지만 폴란드에서는 비밀번호를 입력하는 경우가 더 많습니다.

Proszę podpisać. [프로솅 포디피사치]   사인해 주세요.

Proszę wprowadzić PIN. [프로솅 브프로바지치 핀]   비밀번호를 입력해 주세요.

일레　토　　코쉬투예

Ile to kosztuje?

이것은 얼마예요?

베즈멩　　토

Wezmę to.

이걸로 할게요.

＊ wezmę: 영어의 'I'll take'와 같은 의미입니다.

일레　프와쩽

Ile płacę?

얼마를 지불해야 하나요?

포프로솅　　파라곤

Poproszę paragon.

영수증 주세요.

 **엿보기 단어**

ile [일레] 얼마

kosztuje [코쉬투예] (그/그녀/이것) 비용이 들다

wezmę [베즈멩] (나는) 가져가다

빈 칸에 다양한 어휘를 넣어 보세요.

① _____ (은/는) 얼마예요?

Ile kosztuje _____ **?**

> → ta bluzka [타 블루스카] *r. ż.* 이 블라우스
> ta koszula [타 코슐라] *r. ż.* 이 셔츠
> ten sweter [텐 스페테르] *r. m.* 이 니트
> ta marynarka [타 마르나르카] *r. ż.* 이 자켓
> te spodnie [테 스포드니에] 이 바지

✎ 복수명사의 경우, kosztuje를 3인칭복수인 kosztują를 사용합니다.
   Ile kosztują te spodnie? [일레 코쉬투옹 테 스포드니에]

📌 'to (이것)'이 아닌 경우에
는 어순이 달라집니다.

② _____ 할게요.

Wezmę _____ **.**

> → to wszystko [토 후슈스트코] 전부 다
> tę spódnicę [텡 스푸드니쩽] *r. ż.* 이 스커트를
> ten płaszcz [텐 프와쉬츠] *r. m.* 이 코트를
> te buty [테 부트] *r. m.* 이 신발들을

③ _____ 주세요.

Poproszę _____ **.**

> → reklamówkę [레클라무브켕] *r. ż.* 봉투를
> fakturę [파크투렝] *r. ż.* 인보이스를

츠   모즈나   프와치치   카르통

Czy można płacić kartą?

카드로 계산할 수 있나요?

탁   오츠비시체

➡ **Tak, oczywiście.**   네, 물론이죠.

니에   틸코   고투브콩

➡ **Nie, tylko gotówką.**   아니요, 현금만 결제돼요.

일레   프와쩽

Ile płacę?

얼마를 지불해야 하나요?

지에벵제숑트   지에벵치   즈워트ㅎ

➡ **Dziewięćdziesiąt dziewięć złotych.**   99즈워티입니다.

지샤이   마므   즈니쉬켕   나   후슈스트키에   제츠

➡ **Dzisiaj mamy zniżkę na wszystkie rzeczy.**

오늘은 모든 품목에 할인이 있습니다.

교환 및 환불하기

🎧 02-19

폴란드 대부분의 상점에서는 구매 영수증이 있다면 특별한 경우를 제외하고는 교환 및 환불이 가능합니다. 다만, 상점마다 교환 및 환불 방식이 다를 수 있고 기프트 카드로만 환불해 주는 곳도 있습니다.

핵심 표현

흐쩽 　 토 　 즈브루치치
Chcę to zwrócić.

이것을 환불하고 싶어요.

단어를 바꿔서 표현해 보세요.

- oddać [오드다치] 되돌려주다
- wymienić [브미에니치] 교환하다
- naprawić [나프라비치] 수리하다

단어

zwrócić [즈브루치치] 환불하다

Tip 조금 더 정중하게 요청하고 싶다면 Chcę(나는 원하다, ~고 싶다) 동사 대신 자신의 성별에 맞춰서 Chciałbym(남) 또는 Chciałabym(여) 동사를 사용합니다.

Chciałbym/Chciałabym to zwrócić. [흐차우븜/흐차와븜 토 즈브루치치]

이것을 환불하고 싶습니다.

토 예스트 나 므니에 자 두제
To jest na mnie za duże.

이것은 저에게 너무 커요.

흐쩽 브미에니치 나 므니에이쉬 로즈미아르
Chcę wymienić na mniejszy rozmiar.

다른 사이즈로 교환하고 싶어요.

츠 예스트 모즐리브 즈브로트
Czy jest możliwy zwrot?

환불이 가능한가요?

프와치웸 프와치왐 카르통
Płaciłem/Płaciłam kartą.

카드로 지불했습니다.

 엿보기 단어

na mnie [나 므니에] 나에게
za [자] 너무
zwrot [즈브로트] *r. m.* 환불

możliwy/możliwa/możliwe
[모즐리브/모즐리바/모즐리베] 가능한

płaciłem/płaciłam [프와치웸/프와치왐]
(남/여) (나는) 지불했다

① _____ 교환하고 싶어요.

Chcę wymienić na   .

> ↳ **większy rozmiar** [비엥크쉬 로즈미아르] *r. m.* 더 큰 사이즈로
> **inny kolor** [인느 콜로르] *r. m.* 다른 색상을
> **inny towar** [인느 토바르] *r. m.* 다른 물건을
> **kartę podarunkową** [카르텡 포다룬코봉] *r. m.* 기프트 카드를

② 이것은 저에게 너무 _____ .

To jest na mnie za   .

> ↳ **małe** [마웨] 작은
> **krótkie** [크루트키에] 짧은
> **luźne** [루지네] 헐렁한
> **obcisłe** [옵치스웨] 타이트한

③ _____ 지불했습니다.

Płaciłem/Płaciłam   .

> ↳ **gotówką** [고투브콩] *r. ż.* 현금으로
> **zbliżeniowo** [즈빌리제니오보] 비접촉식으로
> **telefonem** [텔레포넴] *r. m.* 휴대폰으로

츠 예스트 모즐리브 즈브로트
Czy jest możliwy zwrot?

환불이 가능한가요?

탁 츠 마 판 파니 파라곤
➡ **Tak, czy ma pan/pani paragon?**   네, 영수증을 가지고 오셨나요?

프쉬크로 미 알레 즈브로트 예스트 니에모즐리브
➡ **Przykro mi, ale zwrot jest niemożliwy.**

죄송하지만, 환불이 불가능합니다.

프와치우 판 프와치와 파니 칼통 츠 고투브콩
Płacił pan/Płaciła pani kartą czy gotówką?

카드로 지불 하셨나요 현금으로 지불 하셨나요?

프와치웸 프와치왐 카르통
➡ **Płaciłem/Płaciłam kartą.**   카드로 지불했습니다.

프와치웸 프와치왐 고투브콩
➡ **Płaciłem/Płaciłam gotówką.**   현금으로 지불했습니다.

폴란드의 화폐

폴란드는 2004년 EU(유럽 연합)에 가입했지만 유로를 사용하지 않고 여전히 '즈워티(złoty)'라는 폴란드 화폐를 사용합니다. złoty는 '금의, 금으로 만든'이란 뜻으로 1990년대 초반 인플레이션 극복을 위한 화폐 단위 개혁(redenomination)을 통해 새로 발행되었습니다. złoty 이외에도 가치가 더 적은 '그로시(grosz)' 화폐 단위도 있습니다. 판매하는 모든 물건의 가격은 złoty와 grosz로 되어 있으며, 화폐 기호로 złoty는 zł, grosz는 gr로 표기합니다.

피엥치 즈워트흐
5,00 zł = pięć złotych

드바   즈워테   피엔제숑ㅌ   그로쉬
2,50 zł = dwa złote pięćdziesiąt groszy

➡ 일상생활에서는 dwa złote pięćdziesiąt groszy를 줄인 dwa pięćdziesiąt 표현을 씁니다.

● 가격 표기 방법

① 가격 표기는 보통 즈워티 단위의 숫자 뒤에 마침표를 찍고 뒤에 그로시 단위의 숫자를 표기합니다.
　예) 1. 99

② 즈워티를 크게 표기하고 그로시는 뒤에 작게 표기합니다.
　예) 1 ^{99}

③ 많은 가게에서 kg, 개수, 조각 등의 단위는 줄임 표현으로 표기합니다.

자   킬로그람
za kg = za kilogram   1킬로에

자   슈트켕
za szt = za sztukę   1개에

자   오파코바니에
za opa = za opakowanie   1조각에

--- za sztukę
--- za opa

● 세일, 할인 표기의 의미

수페ㄹ 쩨나
Super cena　　　좋은 가격

쿠프 드바 자푸와치 므니에이
Kup 2, zapłać mniej.　　　2개 구매 시 할인

드바제시챠 피엥치 프로쩬ㅌ 타니에이
25% taniej　　　25% 할인

트쉬 플루스 예덴 그라티ㅅ
3+1 gratis　　　3개 구매 시 1개 증정

드바 플루스 예덴 그라티ㅅ
2+1 gratis　　　2개 구매 시 1개 증정

트쉬 ㅎ 쩨녜 드부ㅎ
3 w cenie 2　　　2개 가격으로 3개

폴란드 화폐 : 지폐와 동전

음식점 1 (예약하기)

🎧 02-21

음식점을 예약할 때 인원수에 맞게 좌석을 정하거나 필요한 사항을 주문하기 위해서는 'Chcę zarezerwować ~(~ 예약을 원하다)'의 어휘를 활용할 수 있습니다. 조금 더 정중하게 요청하고 싶다면 Chcę(나는 원하다) 동사 대신 자신의 성별에 맞춰서 Chciałbym(남) 또는 Chciałabym(여) 동사를 사용합니다. 음식점에서 자주 쓰이는 다양한 표현을 익혀보세요.

핵심 표현

흐쩽　　　　자레제르보바치　　　스톨리크　들라　드부흐　오수프

Chcę zarezerwować stolik dla dwóch osób.

2인용 테이블을 예약하고 싶어요.

단어를 바꿔서 표현해 보세요.

- **stolik dla jednej osoby**

  [스톨리크 들라 예드네이 오소브] 1인용 테이블을

- **stolik dla trzech osób**

  [스톨리크 들라 트셰흐 오수프] 3인용 테이블을

- **dwa stoliki dla ośmiu osób**

  [드바 스톨리키 들라 오시미우 오수프] 8인용 테이블 2개를

단어

zarezerwować

[자레제르보바치] 예약

stolik [스톨리크] 테이블

dwóch osób

[드부흐 오수프] 2인

흐쩽　　자레제르보바치　　스톨리크　나　나즈비스코　김
Chcę zarezerwować stolik na nazwisko Kim.

'김'이라는 이름으로 예약하고 싶습니다.

프로셍　스톨리크　프쉬　오크니에
Proszę stolik przy oknie.

창가 자리로 부탁합니다.

흐쩽　오드보와치　레제르바쯔이옝
Chcę odwołać rezerwację.

예약을 취소하고 싶습니다.

맘　레제르바쯔이옝　나　고지넹　지에벵트나스통
Mam rezerwację na (godzinę) dziewiętnastą.

7시에 예약했어요.

 엿보기 단어

przy oknie [프쉬 오크니에] 창가　　　　na godzinę [나 고지넹] 시간에
odwołać [오드보와치] 취소하다　　　na dziewiętnastą [지에벵트나스통] 저녁 7시
rezerwację [레제르바쯔이옝] 예약을

① _____ 테이블을 예약하고 싶어요.

Chcę zarezerwować stolik na _____.

> '시간, 날짜' 앞에는
> 「전치사 na + 목적격」이
> 옵니다.

→ jutro [유트로] 내일
pojutrze [포유트세] 모레
piątek [피옹테ㅋ] *r. m.* 금요일을
sobotę [소보텡] *r. ż.* 토요일을
szesnastą [셰스나스통] *r. ż.* 오후 4시에

② _____ 자리로 부탁합니다.

Proszę stolik _____.

→ dla palących [들라 팔롱츠ㅎ] 흡연자를 위한
dla niepalących [들라 니에팔롱츠ㅎ] 비흡연자를 위한

③ _____ 예약했어요.

Mam rezerwację na _____.

→ (godzinę) siedemnstą [(고지넹) 셰뎀나스통] 오후 5시에
(godzinę) dwudziestą [(고지넹) 드부제스통] 오후 8시에
nazwisko Cho [나즈비스코 조] '조' 이름으로

수우함　레스타우라쯔이아　폴르스카　쿠흐니아　흐　츰　모겡　포무쯔

Słucham, restauracja „Polska kuchnia". W czym mogę pomóc?

여보세요, '폴란드 요리' 레스토랑입니다. 무엇을 도와드릴까요?

흐쩽　　　자레제르보바치　　　스톨리크　들라　드부흐　오수ㅍ

➡ **Chcę zarezerwować stolik dla dwóch osób.**

2인용 테이블을 예약하고 싶어요.

흐쩽　　　자레제르보바치　　　스톨리크　나　지시

➡ **Chcę zarezerwować stolik na dziś.**

오늘 테이블을 예약하고 싶어요.

츠　마　판　파니　레제르바쯔이엥

Czy ma pan/pani rezerwację?

예약 하셨나요?

맘　　레제르바쯔이엥　　나　　고지넹　　　지에벵트니스통

➡ **Mam rezerwację na (godzinę) dziewiętnastą.**

7시에 예약했어요.

맘　　레제르바쯔이엥　　나　나즈비스코　조

➡ **Mam rezerwację na nazwisko Cho.**

'조' 이름으로 예약했어요.

음식점 2 (주문하기)

🎧 02-23

음식점에서 'Co podać?[쪼 포다치](무엇을 드릴까요?)'라고 점원이 물었을 때, 가장 간단한 방법은 원하는 메뉴를 가리키며 'To(이것)'라고 말한 후 수량을 말하는 것입니다. 그러나 이 방법은 무례해 보일 수 있으므로 주의해야합니다. 원하는 것을 구체적이고 정중하게 요청할 수 있는 주문 표현을 익혀보세요.

 핵심 표현

들라　　므니에　　토

Dla mnie to.

이걸로 할게요.

단어를 바꿔서 표현해 보세요.

to samo [토 사모] 같은 것

kotlet schabowy [코틀레트 스하보브] *r. m.* 코틀레트 스하보비

kawa [카바] *r. ż.* 커피

latte [라테] *r. ż.* 라떼

americano [아메리카노] *r. n.* 아메리카노

단어

dla mnie [들라 므니에]
나를 위해

 Tip ● Na miejscu czy na wynos?
카페나 패스트푸드점에서 주문할 때 점원이 매장에서 드실지 테이크아웃할지를 물었을 때 간단하게 말할 수 있는 짧은 표현을 익혀보세요.

A: Na miejscu czy na wynos? [나 메이스쭈 츠 나 브나시]

드시고 가나요 포장해 가나요?

B: Na miejscu. [나 메이스쭈] 먹고 갈게요. / Na wynos. [나 브나시] 포장 할게요.

포프로셍 　　 메니

Poproszę menu.

메뉴판을 주세요.

쪼 판 　 파니 　 폴레짜

Co pan/pani poleca?

추천 메뉴가 무엇인가요? (직역: 무엇을 추천하나요?)

야키에 　 마용 　 파인스트보 　 나포예

Jakie mają państwo napoje?

어떤 음료가 있나요?

※ państwo는 pan/pani처럼 쓰이는 존댓말의 호칭입니다.

베스 　 쯔크루 　 프로셍

Bez cukru proszę.

설탕은 넣지 마세요.

※ bez: 영어의 without과 같은 의미입니다.

 엿보기 단어

poleca [폴레짜] (그/그녀/이것) 추천하다   mają [마용] (그들) 가지다
jakie [야키에] 어떤   bez cukru [베스 쯔크루] 설탕 없이

① _____ 주세요.

Poproszę _____.

↳ pół porcji [푸우 포르찌] 빈 접시를

zestaw numer jeden [제스타ᅙ 누메ㄹ 예덴] _r. m._ 1번 세트를

kawę mrożoną [카벵 므로조농] _r. ż._ 아이스커피를

americano [아메리카노] _r. n._ 아메리카노를

hamburgera z frytkami [함부르게라 스후르트카미] _r. m._ 햄버거와 감자튀김

② _____ (을/를) 넣지 마세요.

Bez _____ **proszę.**

↳ cebuli [쩨불리] 양파 (없이)

papryki [파프르키] 파프리카 (없이)

oliwek [올리베ㅋ] _r. ż._ 올리브들 (없이)

orzeszków [오제쉬쿠ᅙ] _r. m._ 땅콩들 (없이)

③ 어떤 _____ (이) 있나요?

Jakie mają państwo _____ **?**

↳ desery [데세르] _r. m._ 디저트들

przystawki [프쉬스타ᅙ키] _r. ż._ 에피타이저들

alkohole [알코홀레] _r. m._ 알코올들

wina [비나] _r. n._ 와인들

drinki [드링키] _r. m._ 칵테일들 (알코올을 포함한 음료)

쪼   판   파니   폴레짜
Co pan/pani poleca?

추천 메뉴가 무엇인가요? (직역: 무엇을 추천하나요?)

폴레짬   피에로기   즈   미엥셈
➡ **Polecam pierogi z mięsem.**　　　　고기만두를 추천합니다.

후슈스트코   예스트   바르조   스마츠네
➡ **Wszystko jest bardzo smaczne.**　　다 맛있습니다.

야키에   마용   파인스트보   나포예
Jakie mają państwo napoje?

어떤 음료가 있나요?

마므   세로키   브부르   나포유흐   이   알코홀리
➡ **Mamy szeroki wybór napojów i alkoholi.**

다양한 종류의 음료와 주류가 있습니다.

유쉬   포다엥   메니   즈   나포야미
➡ **Już podaję menu z napojami.**　　음료 메뉴를 드릴게요.

음식점 3 (요청하기)

🎧 02-25

음식점에서 주문하기 전이나 후에 원하는 사항을 요청할 수 있다면 더 만족스러운 식사를 즐길 수 있을 것입니다. 정중한 요청 표현들을 익혀보세요.

핵심 표현

츠　　모겡　　프로시치　오　　탈레쉬

Czy mogę prosić o talerz?

접시 좀 주실래요?

단어를 바꿔서 표현해 보세요.

- serwetkę [세르베트켕] *r. ż.* 냅킨을
- nóż [누쉬] *r. m.* 나이프를
- widelec [비델레쯔] *r. m.* 포크를
- łyżkę [우으쉬켕] *r. ż.* 스푼을
- szklankę [쉬클란켕] *r. ż.* 글라스를

단어

prosić o [프로시치 오] 부탁하다
talerz [탈레쉬] 접시를

Tip 식사 중, 담당 점원이 다가와 주문한 음식이 마음에 드는지 확인할 수 있습니다. 음식이 만족스럽다면 미소와 함께 간단히 대답해 보세요.

Czy wszystko smakuje? [츠 후슈스트코 스마쿠에]　　모든 것이 맛있나요?

⇒ Jest pyszne. [예스트 프쉬네]　　맛있어요.

Jest bardzo dobre. [예스트 바르조 도브레]　　매우 좋아요.

Jest bardzo smaczne. [예스트 바르조 스마츠네]　　매우 맛있어요.

토 예스트 자 스워네
To jest za słone.

이것은 너무 짜요.

니에　　　　자마비아웸　　　　자마비아왐　　　테고
Nie zamawiałem/zamawiałam tego.

이 음식은 제가 주문하지 않았어요.

츠　흐　톰　예슫　미엥소
Czy w tym jest mięso?

이것에 고기가 들어가 있나요?

므실렝　제　모예　　예제니에　　예쓰트　　니에도고토바네
Myślę, że moje jedzenie jest niedogotowane.

제 음식이 덜 익은 것 같아요.

 엿보기 단어

słony / słona / słone [스워느/스워나/스워네] 짠
myślę, że [므실렝 제] (나는) ~라고 생각하다
jedzenie [예제니에] *r. n.* 음식

niedogotowany / niedogotowana /
niedogotowane
[니에도고토바느/니에도고토바나/니에도고토바네] 덜 익은

① 이것은 너무 _____ .

To jest za _____ .

> ┄→ **twarde** [트파르데] 딱딱한
> **ostre** [오스트레] 매운
> **tłuste** [트우스테] 기름진

② _____ (이/가) 들어가 있나요?

Czy w tym _____ ?

> ┄→ **jest ser** [예슫 세르] *r. m.* 치즈
> **jest gluten** [예슫 글루텐] *r. m.* 글루텐
> **są orzechy** [송 오제흐] *r. m.* 견과류
> ↳ orzechy는 복수형이므로 są을 사용합니다.

③ 제 음식이 _____ 것 같아요.

Myślę, że moje jedzenie jest _____ ?

> ┄→ **rozgotowane** [로즈고토바네] 너무 익은
> **surowe** [수로베] 날 것의
> **zimne** [짐네] 차가운
> **nieświeże** [니에쉬비에제] 신선하지 않은

츠 흐 틈 예슫 미엥소
Czy w tym jest mięso?

이것에 고기가 들어가 있나요?

니에스테트　탁
➡ **Niestety tak.**　　　　　　　안타깝게도 네(있습니다).

니에　니에　마
➡ **Nie, nie ma.**　　　　　　　아니요, 없습니다.

츠　휴슈스트코　　스마쿠예
Czy wszystko smakuje?

모든 것이 맛있나요?

므실렝　제　모예　예제니에　예쓰트　니에도고토바네
➡ **Myślę, że moje jedzenie jest niedogotowane.**

제 음식이 덜 익은 것 같아요.

토　예스트　자　스워네
➡ **To jest za słone.**　　　　　　이것은 너무 짜요.

음식점 4 (계산하기)

🎧 02-27

폴란드에서는 한국과 달리, 계산을 카운터가 아닌 테이블에서 진행합니다. 식사 후에는 직원과 시선이 마주쳤을 때 계산서를 요청하는 것이 일반적인 관례입니다. 이때 포장을 요청할 수도 있으므로, 포장 요청 표현과 계산 표현들을 함께 익혀보세요.

핵심 표현

포프로셍   라후네ㅋ

Poproszę rachunek.

계산서 주세요.

단어

rachunek [라후네ㅋ]
r. m. 계산서

Tip 폴란드에서는 더치페이가 일반적이지만, 특별한 날 누군가를 대접하거나 식사에 초대하고 싶을 때 쓸 수 있는 표현도 있습니다.

Ja zapraszam. [야 자프라샴]   (내가) 초대할게.

Ja stawiam. [야 스타비암]   (내가) 한턱낼게.

브워　　바르조　　스마츠네
Było bardzo smaczne.

매우 맛있었습니다.

프와치므　　오소브노
Płacimy osobno.

우리는 따로따로 계산할게요.

츠　모즈나　　자파코바치　　나　브노스
Czy można zapakować na wynos?

포장해 주시겠어요?

레쉬트　니에　트셰바
Reszty nie trzeba.

거스름돈은 필요 없습니다.

> reszty는 reszta의 소유격 형태입니다.

 엿보기 단어

być o [브워] (이것) 였다
płacimy [프와치므] (우리는) 지불하다
osobno [오소브노] 따로따로
zapakować [자파코바치] 포장하다

na wynos [나 브노스] 테이크아웃
reszty [레쉬트] r. ż. 거스름돈
nie trzeba [니에 트셰바] 필요 없다

① _____ 계산할게요.

Płacimy _____ .

      ⌐→ **razem** [라젬] 같이

② _____ (했/었)습니다.

Było _____ **?**

      ⌐→ **znakomite** [즈나코미테] 완벽한

        wyśmienite [브시미에니테] 훌륭한

        bardzo smaczne [바르조 스마츠네] 매우 맛있는

③ 거스름돈은 _____ .

Reszta _____ **?**

      ⌐→ **dla pana** [들라 파나] (남) 당신을 위해

        dla pani [들라 파니] (여) 당신을 위해

> reszta는 '잔돈, 거스름돈'을 뜻하는 기본형 명사입니다. 소유격은 reszty입니다.

<ruby>츠<rt></rt></ruby> <ruby>모즈나<rt></rt></ruby> <ruby>자파코바치<rt></rt></ruby> <ruby>나<rt></rt></ruby> <ruby>브노스<rt></rt></ruby>

Czy można zapakować na wynos?

포장해 주시겠어요?

<ruby>탁<rt></rt></ruby> <ruby>오츠비시치에<rt></rt></ruby>

➡ **Tak, oczywiście.**　　　　　　　　　　　　　네, 물론이죠.

<ruby>오파코바니에<rt></rt></ruby> <ruby>예스트<rt></rt></ruby> <ruby>도다트코보<rt></rt></ruby> <ruby>프와트네<rt></rt></ruby>

➡ **Opakowanie jest dodatkowo płatne.**　　포장은 추가 요금이 있어요.

<ruby>포프로셍<rt></rt></ruby> <ruby>라후네크<rt></rt></ruby>

Poproszę rachunek.

계산서 주세요.

<ruby>오츠비시치에<rt></rt></ruby> <ruby>유쉬<rt></rt></ruby> <ruby>프쉬노셍<rt></rt></ruby>

➡ **Oczywiście, już przynoszę.**　　　　　　물론이죠, 바로 가지고 오겠습니다.

<ruby>오츠비시치에<rt></rt></ruby> <ruby>프와치<rt></rt></ruby> <ruby>판<rt></rt></ruby> <ruby>파니<rt></rt></ruby> <ruby>카르통<rt></rt></ruby> <ruby>츠<rt></rt></ruby> <ruby>고투브콩<rt></rt></ruby>

➡ **Oczywiście, płaci pan/pani kartą czy gotówką?**

물론이죠, 카드로 결제하시나요 현금으로 결제하시나요?

폴란드의 메뉴판

폴란드 음식점에는 일반 메뉴들을 저렴한 가격으로 맛볼 수 있는 '아침/런치/세트 메뉴' 그리고 '오늘의 메뉴'가 있습니다. 각 음식점마다 '오늘의 메뉴'를 다른 방식으로 제공하기 때문에, 메뉴판을 정확히 이해하면 원하는 음식을 주문하는 데 도움이 됩니다. 메뉴판의 주요 표현들을 미리 익혀서 맛있는 음식을 좋은 가격으로 다양하게 즐길 수 있는 기회를 놓치지 마세요.

śniadania (menu śniadaniowe) [시냐다니아 (메니 시냐다니오베)] 아침 메뉴	
lunche (lunch menu) [란체 (란츠 메니)] 런치 메뉴	
zestawy [제스타브] 세트 메뉴	dania główne [다니아 그우브네] 메인 요리
danie dnia [다니에 드냐] 오늘의 메뉴	obiad dnia [오비아트 드냐] 오늘의 점심
przystawki [프쉬스타브키] 애피타이저	zupy [주프] 수프
napoje [나포예] 음료	desery [데세르] 후식

● 레스토랑 에티켓

폴란드 레스토랑에는 호출 벨이 없기 때문에 웨이터를 부를 때 손을 살짝 들거나 눈을 마주치며 'Przepraszam.'이라고 말해 신호를 줍니다. 손가락을 가리키거나 큰 소리로 부르는 것은 무례한 행동이므로 주의하세요.

● 팁 문화

폴란드에는 팁 문화가 있습니다. 의무 사항은 아니지만, 서비스가 좋았다면 팁을 주는 것이 관례입니다. 담당 웨이터에게 주는 추가 금액은 서비스 만족에 대한 감사 표현입니다. 팁은 보통 전체 금액의 10% 정도를 줍니다. 현금 계산일 때는 보통 거스름돈을 팁으로 지불하기 때문에 'Reszty nie trzeba.(거스름돈은 필요 없어요.)' 또는 'Reszta dla pana/pani.(거스름돈은 팁입니다.)'라고 말한 뒤 금액을 지불합니다. 카드 계산일 때는 단말기에 지불해야 할 금액의 10%를 추가로 결제하거나, 카드 계산 후 팁은 현금으로 테이블 위에 따로 남기고 가는 경우도 있습니다. 단, 패스트푸드점이나 커피숍 등 카운터에서 직원이 주문받는 곳에서는 별도로 팁을 주지 않습니다.

폴란드의 추천 음식

폴란드 요리는 수세기에 걸쳐 다양한 민족의 요리로부터 영향을 받아 발전했습니다. 특히, 여러 종류의 밀가루 요리와 다양한 수프가 폴란드 요리의 특징입니다.

● **pierogi** [피에로기] : 폴란드식 만두

감자, 고기, 채소, 과일 등을 넣어서 고명이나 생크림과 같이 먹는 폴란드식 만두입니다.

pierogi z mięsem [피에로기 즈 미엥셈] 고기 만두
pierogi ruskie [피에로기 루스키에] 감자와 치즈 만두
pierogi z serem [피에로기 즈 세렘] 치즈 만두
pierogi z owocami [피에로기 즈 오보차미] 과일 만두

● **żurek** [주레크] : 발효 호밀 수프

계란과 흰색 소시지를 곁들여 즐겨 먹는 수프입니다. 부활절 식탁에 자주 등장합니다.

● **bigos** [비고스] : 비고스

'kapusta kiszona [카푸스타 크바쇼나] (폴란드식 양배추 절임)' 와 양배추, 여러 가지 고기와 소시지 등을 함께 넣어 오랫동안 끓인 폴란드 전통 스튜입니다. 보통 빵을 곁들여 먹습니다.

● **polski sernik** [폴스키 세르니크]
   : 폴란드식 치즈케이크

한국의 치즈케이크와 달리 **twaróg** [트흐아루ㄱ]이라는 폴란드 전통 치즈로 만들었으며, 케이크 안에는 말린 과일, 견과류, 건포도, 설탕에 절인 오렌지 껍질 등이 들어 있습니다.

호텔 체크인/아웃 하기

🎧 02-29

여행객이 많이 찾는 호텔에서는 의사소통이 상대적으로 간편합니다. 호텔 프런트에서 사용하는 표현들이 몇 가지로 한정되어 있기 때문에 체크인이나 체크아웃 할 때 필요한 기본적인 표현들을 미리 익혀두는 것이 좋습니다.

핵심 표현

| 흐차우븜 | 흐차와븜 | 시엥 | 자멜도바치 |

Chciałbym/Chciałabym się zameldować.

체크인하고 싶습니다.

단어를 바꿔서 표현해 보세요.

- się wymeldować [시엥 브멜도바치] 체크아웃하다
- zamówić budzenie [자무비치 부제니에]
  모닝콜 서비스를 예약하다
- zmienić pokój [즈미에니치 포쿠이] 방을 바꾸다

단어

zameldować się
[자멜도바치 시엥] 체크인하다

Tip 호텔에서 예약자를 말할 때 자주 쓰이는 표현을 익혀보세요.

Mam rezerwację na nazwisko Kim. [맘 레제르바찌엥 나 나즈비스코 킴]

'김' 이름으로 예약했습니다.

토 모이 파슈포르트

To mój paszport.

제 여권입니다.

츠 마용 파인스트보 베스푸아트네 비휘

Czy mają państwo bezpłatne wi-fi?

무료 와이파이가 있나요?

> 폴란드에서는 와이파이를 vifi [비휘]라고 발음합니다.

오 크투레이 트세바 시엥 브멜도바치

O której trzeba się wymeldować?

체크아웃은 몇 시에 해야 되나요?

츠 모제 판 파니 자무비치 미 타크스브켕

Czy może pan/pani zamówić mi taksówkę?

택시를 불러 주시겠어요?

 엿보기 단어

bezpłatny/bezpłatna/bezpłatne
[베스푸아트느/베스푸아트나/베스푸아트네] 무료

zamówić [자무비치] 주문하다

1 _____ 입니다.

To _____ **.**

> ↳ moja rezerwacja [모야 레제르바찌아] *r. ż.* 나의 예약 확인증
> mój klucz [무이 클루츠] *r. m.* 나의 방 열쇠
> mój bagaż [무이 바가쉬] *r. m.* 나의 수하물

2 _____ (이/가) 있나요?

Czy mają państwo _____ **?**

> ↳ pokoje z widokiem [포코예 즈 비도키엠] *r. m.* 전망이 보이는 룸을
> przechowlanię bagażu [프세호발니엥 바가주] *r. ż.* 수하물 보관함을
> basen [바센] *r. m.* 수영장을
> restaurację [레스타우라찌엥] *r. ż.* 레스토랑을

3 _____ 주시겠어요?

Czy może pan/pani _____ **?**

> ↳ pomóc mi z bagażem [포무ㅉ 미 즈 바거젬]
> 내 짐 옮기는 것을 돕다

츠   모겡   프로시치 오   도부드   토쉬사모시치

Czy mogę prosić o dowód tożsamości?

신분증을 보여 주시겠어요?

토   무이   파슈포르트

➡ **To mój paszport.**   제 여권입니다.

토   무이   도부드   오소비스트

➡ **To mój dowód osobisty.**   제 신분증입니다.

츠   마용   파인스트보   베스푸아트네   비휘

Czy mają państwo bezpłatne wi-fi?

무료 와이파이가 있나요?

탁   하스워   토   호텔   예덴   드바   트쉬   츠테르

➡ **Tak, hasło to hotel jeden dwa trzy cztery.**

네, 비밀번호는 hotel1234입니다.

니에스테트   인테르네트   에스트   도다트코보   푸아트느

➡ **Niestety, Internet jest dodatkowo płatny.**

안타깝게도, 인터넷은 추가 요금이 발생합니다.

호텔 이용하기

🎧 02-31

호텔에 머무는 동안 시설 이용에 문제가 생기거나 특별한 요청이 필요할 때, 프런트 직원에게 도움을 요청해야 하는 경우가 있습니다. 호텔 이용에 필요한 요청 및 불편 사항 등의 표현을 익혀보세요.

핵심 표현

비휘　　니에　　자와
Wi-fi nie działa.

와이파이가 작동하지 않아요.

단어를 바꿔서 표현해 보세요.

- Internet [인테르네트] *r. m.* 인터넷

- telewizor [텔레비조르] *r. m.* 텔레비전

- klimatyzacja [클리마트자찌아] *r. ż.* 에어컨

- ogrzewanie [오그제바니에] *r. n.* 난방기

- prysznic [프르쉬니쯔] *r. m.* 샤워기

단어

nie działa [니에 자와]
(그/그녀/이것) 작동하지 않다

Tip 세면대나 변기의 경우에는 'jest zapsuty/zepsuta (고장난)' 또는 'jest zatkany/zatkana (막힌)'
로 표현할 수 있습니다.

Toaleta jest zepsuta. [토알레타 예스트 제프수타]　　화장실이 고장났어요.

Sedes jest zepsuty. [세데스 예스트 제프수트]　　변기가 고장났어요.

Toaleta jest zatkana. [토알레타 예스트 자트카나]　　화장실이 막혔어요.

Sedes jest zatkany. [세데스 예스트 자트카느]　　변기가 막혔어요.

츠　모겡　프로시치　오　도다트코베　렝츠니키

Czy mogę prosić o dodatkowe ręczniki?

수건을 좀 더 부탁할 수 있나요?

니에　마　파피에루

Nie ma papieru.

휴지가 없어요.

모야　포시첼　예스트　자플라미오나

Moja pościel jest zaplamiona.

이불이 더러워졌어요.

니에　비엠　약　코즈스타치　즈　비휘

Nie wiem, jak korzystać z Wi-fi.

와이파이 사용 방법을 모르겠어요.

 엿보기 단어

dodatkowy/dodatkowa/dodatkowe
[도다트코브/도다트코바/도다트코베] 추가의
ręczniki [렝츠니키] *r. m.* 수건들
papieru [파피에루] *r. m.* 휴지 (없다)
moja [모야] *r. ż.* 나의

pościel [포시첼] *r. ż.* 이불
zaplamiony/zaplamiona/zaplamione
[자플라미오느/자플라미오나/자플라미오네] 얼룩져 있다
korzystać z ~ [코즈스타치] ~을 사용하다

① _____ 좀 더 부탁할 수 있나요?

Czy mogę prosić o   **?**

┈┈▸ dodatkowe poduszki [도다트코베 포두슈키] 추가 쿠션들을

dodatkowe szczoteczki do zębów

[도다트코베 쉬쵸테츠키 도 젱부ㅎ] 추가 칫솔들을

dodatkowe kapcie [도다트코베 카프치에] 추가 슬리퍼들을

dodatkową pościel [도다트코봉 포시첼] 추가 이불을

② _____ (이/가) 없어요.

Nie ma   **.**

┈┈▸ pilota [필로타] _r. m._ 리모컨 (없다)

ręczników [렝츠니쿠ㅎ] _r. m._ 수건 (없다)

mydła [므드와] _r. n._ 비누 (없다)

szamponu [샴포누] _r. m._ 샴푸 (없다)

suszarki [수샤르키] _r. ż._ 헤어 드라이기 (없다)

③ _____ 사용 방법을 모르겠어요.

Nie wiem, jak korzystać   **.**

┈┈▸ z sejfu [스 세이후] 금고

z pralki [스 프랄키] 세탁기

z telefonu [스 텔레ㅎ포누] 전화기

ze schowka [제 스호프카] 사물함

↘ 'w, z' 전치사는 뒤에 오는 단어의 발음이 어려운 경우,
전치사 w, z에 e를 붙여서 발음을 더 쉽게 만듭니다.

ze wschodu [제 흐스호두] 동쪽에서
we wtorek [베 프토레크] 화요일에

츠 　 모겡 　 프로시치 　오　 도다트코베 　 렝츠니키
Czy mogę prosić o dodatkowe ręczniki?

수건을 좀 더 부탁할 수 있나요?

탁　 오츠비시체 　 프로셍
➡ **Tak, oczywiście. Proszę.**

네, 물론이죠. 여기 있습니다.

옵수가　 자니에시에 　 예 　 도 　 파나　 파니　 포코유
➡ **Obsługa zaniesie je do pana/pani pokoju.**

직원이 객실로 가져다 드리겠습니다.

니에 　 비엠 　 약 　 코즈스타치 　 즈 　 비휘
Nie wiem, jak korzystać z Wi-fi.

와이파이 사용 방법을 모르겠어요.

프로셍 　 흐휠렝 　 자체카치
➡ **Proszę chwilę zaczekać.**

잠시 기다려 주십시오.

유쉬 　 파누　 파니 　 브야시니암
➡ **Już panu/pani wyjaśniam.**

바로 설명해 드리겠습니다.

호텔 이용하기

호텔은 고객이 가능한 편하게 지낼 수 있도록 다양한 서비스를 제공합니다. 투숙객이 자유롭게 이용할 수 있는 휴식 공간 및 다양한 편의 시설을 알아보세요.

● 모닝콜 : budzenie [부제니에]

요청 시간에 맞춰 모닝콜을 대행해 주는 서비스입니다. 호텔 프런트에 원하는 시간을 미리 요청해 두면 시간에 맞춰 전화로 알려줍니다. 만약 비즈니스나 여행 등 중요한 일정이 있다면 이 서비스를 이용하는 것을 추천합니다.

● 룸서비스 : serwis pokojowy [세르비스 포코요브]

객실에서 식사를 주문할 수 있는 룸서비스입니다. 호텔에서 가장 인기 있는 서비스 중 하나로, 대부분의 룸서비스는 언제든지 가능하지만 모든 호텔이 24시간 룸서비스를 제공하는 것은 아니기 때문에 미리 확인하는 것이 좋습니다.

● 수하물 보관소 : przechowalnia bagażu [프셰호발니아 바가주]

잠시 동안 소지품을 보관할 수 있는 서비스입니다. 여행 일정에 따라서 체크인/아웃의 전과 후로 호텔 인근 지역을 여행할 경우 편리하게 이용할 수 있습니다.

● 컨시어지 : konsjerż [콘시에르쉬]

극장 티켓 예약, 택시 호출, 의료 서비스 연결, 관광 명소 및 주변 레스토랑 추천과 예약을 포함하여 고객의 편의를 위해 고객의 여가 시간을 효율적으로 관리해 주는 서비스입니다.

호텔에서 만나는 Nowe słowa

● 호텔 프런트

rezerwacja [레제르바찌아]	예약
opłata za rezerwację [오파타 자 레제르바찌엥]	예약금
dzień przyjazdu [지에인 프쉬야즈두]	도착일
dzień wyjazdu [지에인 브야즈두]	출발일
godzina przyjazdu [고지나 프쉬야즈두]	도착시간
godzina odjazdu [고지나 오드야즈두]	출발시간
opłata anulacyjna [오파타 아눌라쯔이나]	취소수수료
recepcja [레쩹찌아]	프런트

● 호텔 직원

obsługa hotelu [옵수우가 호텔루]	호텔 직원
konsjerż [콘시에르쉬]	컨시어지
recepcjonistka [레쩹찌오니스카]	접수 직원 (여)
recepcjonista [레쩹찌오니스타]	접수 직원 (남)
menadżer hotelu [메나제르 호텔루]	호텔 매니저
pokojówka [포코유흐카]	청소부

● 호텔 룸 집기류

klimatyzacja [크리마트자찌아]	에어컨
telewizor [텔레비조르]	텔레비전
wanna [반나]	욕조
suszarka do włosów [수샤르카 도 뷔수ㅎ]	헤어 드라이기
szampon [샴폰]	샴푸
odżywka do włosów [오드즈흐카 도 뷔수ㅎ]	린스
szczoteczka do zębów [쉬초테츠카 도 젱부ㅎ]	칫솔
ręcznik [렝츠니크]	수건
szlafrok [쉴라후로크]	목욕 가운
kapcie [캅체]	슬리퍼
mninibar [미니바ㄹ]	미니 바

공항에서 체크인하기

🎧 02-33

공항에서는 영어로도 자유로운 의사소통이 가능하지만, 폴란드어를 사용한다면 직원들과 더 친숙하게 소통할 수 있으며 더욱 적극적인 도움을 받을 수 있을 것입니다. 수속 진행을 위해 필요한 표현들을 익혀보세요.

핵심 표현

포프로셍 　　　 미에이스쩨 　　　 프쉬 　　　 오크니에

Poproszę miejsce przy oknie.

창가 좌석 주세요.

단어를 바꿔서 표현해 보세요.

- przy przejściu [프쉬 프세이시츄] 통로 쪽 좌석
- na środku [나 쉬로트쿠] 중간
- z przodu samolotu [스 프쇼두 사몰로투] 비행기 앞
- z tyłu samolotu [스 트우 사몰로투] 비행기 뒤

단어

miejsce [미에이스쩨]
r. n. 자리, 좌석, 장소

Tip 여행 전에 미리 온라인 체크인을 해두면 탑승 수속을 더욱 신속하게 진행할 수 있습니다.

Odprawiłem się/Odprawiłam się online.

[오드프라비웸 시엠/오드프라비왐 시엠 온라인] 온라인 체크인을 마쳤습니다.

맘　　드비에　　발리스키
Mam dwie walizki.

수하물이 2개 있습니다.

> walizki는 '가방들'이란 뜻이지만, 공항에서는 보통 '수하물'로 이해할 수 있습니다.

츠　모겡　자브라치　토　나　포쿠아트
Czy mogę zabrać to na pokład?

이것을 기내로 가져갈 수 있나요?

일레　코쉬투예　나드바가쉬
Ile kosztuje nadbagaż?

초과 수하물 요금은 얼마예요?

프셰프라샴　　그지에　예스트　브람카　누메르　드바나시치에
Przepraszam, gdzie jest bramka numer dwanaście?

실례합니다, 12번 게이트가 어디인가요?

 엿보기 단어

walizki [발리스키] *r. ż.* 가방들		**nadbagaż** [나드바가쉬] *r. m.* 초과 수하물	
zabrać [자브라치] 가져가다		**bramka** [브람카] *r. ż.* 게이트	
pokład [포쿠아트] *r. m.* 기내			

① _____ 기내로 가져갈 수 있나요?

Czy mogę zabrać   na pokład?

→ leki [레키] *r. m.* 약들을

baterie [바테리에] *r. ż.* 배터리들을

alkohol [알코홀] *r. m.* 알코올을

kosmetyki [코스메트키] *r. m.* 화장품들을

② _____ (은) 얼마예요?

Ile kosztuje   ?

→ dodatkowy bagaż [도다트코브 바가쉬] 추가 수하물

przewóz sprzętu sportowego

[프세부ㅅ 스프시엥투 스포르토베고] 스포츠 장비 운송

przewóz instrumentu [프세부ㅅ 인스트루멘투] 악기 운송

③ 실례합니다, _____ (이/가) 어디인가요?

Przepraszam, gdzie jest   ?

→ stanowisko odprawy LOTu

[스타노비스코 오드프라브 로투] *r. n.* LOT 항공 체크인 카운터

strefa bezcłowa [스트라파 베스쯔워바] *r. ż.* 면세구역

Biuro Rzeczy Znalezionych

[비우로 제츠 즈날레지오느ㅎ] *r. n.* 분실물 보관소

stanowisko odprawy (체크인 카운터) 뒤에 항공사 이름을 붙여서 다양하게 표현할 수 있습니다.

일레 마 판 파니 슈트ㅋ 바가주
Ile ma pan/pani sztuk bagażu?

수하물이 몇 개입니까?

맘 드비에 발리스키
➡ Mam dwie walizki.

수하물이 2개 있습니다.

맘 예드농 발리스켕
➡ Mam jedną walizkę.

수하물이 한 개 있습니다.

일레 코쉬투예 나드바가쉬
Ile kosztuje nadbagaż?

초과 수하물 요금은 얼마예요?

오푸와타 자 프셰크로체니에 브미아루ㅂ 브노시 드비에시 체오시엠제션ㅌ오셈 즈워트ㅎ
➡ Opłata za przekroczenie wymiarów wynosi 288 złotych.

규격 초과 수수료는 288즈워티입니다.

오푸와타 자 프셰크로체니에 바기 브노시 츠테레스타오셈제셩ㅌ오셈 즈워트ㅎ
➡ Opłata za przekroczenie wagi wynosi 488 złotych.

중량 초과 수수료는 488즈워티입니다.

기내 이용하기

🎧 02-35

긴 비행 시간 동안에는 승객과 승무원 간에 의사소통이 필요한 상황이 발생할 수 있습니다. 기내 안에서 사용할 수 있는 다양한 표현들을 익혀보세요.

핵심 표현

츠　　모겡　　프로시치　오　　보뎅

Czy mogę prosić o wodę?

물을 좀 부탁할 수 있나요?

단어를 바꿔서 표현해 보세요.

- kawę [카벵] *r. ż.* 커피를
- herbatę [헤르바텡] *r. ż.* 차를
- koc [코쯔] *r. m.* 담요를
- słuchawki [수하흐키] *r. ż.* 이어폰을
- długopis [두고피스] *r. m.* 펜을

단어

wodę [보뎅] 물을

츠　모제　미　판　파니　포모쯔　즈날레시치　모예　미에이스쩨

Czy może mi pan/pani pomóc znaleźć moje miejsce?

제 자리 찾는 것을 도와주실래요?

프셰프라샴　알레　토　흐바　모예　미에이스쩨

Przepraszam, ale to chyba moje miejsce.

죄송하지만, 제 좌석인 것 같아요.

프셰프라샴　츠　모겡　로즈워즈치　포텔

Przepraszam, czy mogę rozłożyć fotel?

죄송하지만, 제 의자를 뒤로 젖혀도 되나요?

포프로솅　쿠르차카

Poproszę kurczaka.

닭고기를 주세요.

 **엿보기 단어**

znaleźć [즈날레시치] 찾다　　　　　　fotel [포텔] *r. m.* 의자
chyba [흐바] 아마　　　　　　　　　kurczaka [쿠르차카] *r. m.* 닭고기를
rozłożyć [로즈워즈치] 뒤로 젖히다, 펴다

1 _____ 것을 도와주실래요?

Czy może mi pan/pani pomóc _____ ?

włożyć walizkę [브워즈치 발리스켕] 수하물을 넣다

zmienić miejsce [즈미에니치 미에이스쩨] 좌석을 바꾸다

wypełnić formularz [브페우니치 포르물라쉬] 서류를 작성하다

2 죄송하지만, _____ 도 되나요?

Przepraszam, czy mogę _____ ?

zasłonić okno [자스워니치 오크노] 창문을 가리다

zapalić światło [자팔리치 쉬비아트워] 전등을 켜다

złożyć podłokietnik [즈워즈치 포드워키에트니ㅋ]
팔 받침대를 접다

3 _____ 주세요.

Poproszę _____ .

wołowinę [보워비넹] 소고기를

wieprzowinę [비에프쇼비넹] 돼지고기를

rybę [르벵] 생선을

danie wegetariańskie [다니에 베게타리아인스키에] 채식요리를

프세프라샴　　　　츠　　모겡　　로즈워즈치　　포텔

Przepraszam, czy mogę rozłożyć fotel?

죄송하지만, 제 의자를 뒤로 젖혀도 되나요?

탁　　오츠비시치에

➡ **Tak, oczywiście.**　　　　　　　　　네, 물론이죠.

프세프라샴　　　알레　브와시니에　　옘

➡ **Przepraszam, ale właśnie jem.**　　죄송하지만, 지금 먹고 있어요.

쪼　판　파니　볼리　　쿠르차카　츠　다니에　베게타리아인스키에

Co pan/pani woli? Kurczaka czy danie wegetariańskie?

무엇을 선호하세요? 닭고기 드실래요 채식 요리 드실래요?

포프로솅　　　쿠르차카

➡ **Poproszę kurczaka.**　　　　　닭고기를 주세요.

포프로솅　　　다니에　　베게타리아인스키에

➡ **Poproszę danie wegetariańskie.**　채식 요리를 주세요.

공항 이용하기

● 보안 검사 (kontrola bezpieczeństwa [콘트롤라 베스피에체인스트바])

모든 승객은 비행 전 보안 검사를 받아야 합니다. 일반적으로 신속하게 진행되지만, 수하물에 문제가 있을 경우 보안 직원이 질문하거나 몸수색을 할 수도 있습니다. 보안 직원의 요청을 신속하게 이해하고 대응할 수 있도록 몇 가지 질문들을 미리 익혀보세요.

츠 브 발리스쩨 예스트 야카시 엘레크트로니카 Czy w walizce jest jakaś elektronika?	여행 가방에 전자 제품이 있습니까?
츠 마 판 파니 프쉬 소비에 와트보팔네 마테리아우으 Czy ma pan/pani przy sobie łatwopalne materiały?	가연성 물질을 가지고 있습니까?
츠 마 판 파니 쪼시 도 오쯸레니아 Czy ma pan/pani coś do oclenia?	신고할 게 아무것도 없습니까?
프로솅 오프루즈니치 후슈스트키에 키에셰니에 Proszę opróżnić wszystkie kieszenie.	주머니를 모두 비워주세요.
프로솅 포워즈치 바가쉬 나 타시미에 Proszę położyć bagaż na taśmie.	벨트에 짐을 올려주세요.
프로솅 브워즈치 쿠르트켕 도 포옘니카 Proszę włożyć kurtkę do pojemnika.	재킷을 통에 넣어주세요.
프로솅 즈디옹치 파세크 Proszę zdjąć pasek.	벨트를 벗어주세요.
프로솅 즈디옹치 부트 Proszę zdjąć buty.	신발을 벗어주세요.
프로솅 브용치 라프토파 스 토르브 Proszę wyjąć laptopa z torby.	가방에서 노트북을 꺼내주세요.

공항과 기내에서 만나는 Nowe Słowa

● 공항

przyloty [프쉬로트] 도착	odloty [오드로트] 출발
tranzyt [트란즈트] 환승	check-in [체크인] 탑승 수속
miejsce odbioru bagażu [미에이스쩨 오드비오루 바가주] 수하물 찾는 곳	
Biuro Rzeczy Znalezionych [비우로 제츠 즈날레지오느ㅎ] 분실물 취급소	
kontrola paszportowa [콘트롤라 파슈포르바] 여권 검사	
kontrola celna [콘트롤라 쩰나] 세관 검사	

● 공항 게시판

odwołany [오드보와느] 취소	wylądował [블롱도바우] 도착함
opóźniony [오푸지니오느] 연착	na czas [나 차스] 정시 도착
szacowany czas przylotu [샤쪼바느 차스 프쉬로투] 예상 도착시간	

● 기내

pilot [필로트] 조종사	stolik [스톨리크] 선반
toaleta [토알레타] 화장실	półka [프우카] 머리 위 짐칸
okno [오크노] 창문	podłokietnik [포드워키에트니크] 팔걸이
przejście [프셰이시치에] 통로	maska tlenowa [마스카 틀레노바] 산소마스크
steward/stewardessa [스튜아르드/스튜아르데사] 승무원	
pas bezpieczeństwa [파스 베스피에체인스트바] 안전벨트	
wyjście ewakuacyjne [브이시체 에바쿠아쯔이네] 비상탈출구	
kamizelka ratunkowa [카미젤카 라툰코바] 구명조끼	

● 비행기

start [스타르트] 이륙	lądowanie [롱도바니에] 착륙
turbulencje [트루불렌찌에] 난기류	

위급상황 표현하기

해외여행 중에는 도난이나 기타 난처한 상황을 겪는 일이 종종 있습니다. 당황하지 말고, 주변 사람이나 경찰에게 도움을 요청하는 것이 중요합니다. 여행 중 발생할 수 있는 위급 상황 대처 표현들을 익혀보세요.

 핵심 표현

우크라지오노   미   포르트펠
Ukradziono mi portfel.

지갑을 도난당했어요.

단어를 바꿔서 표현해 보세요.

torebkę [토레프켕] *r. ż.* 가방을

plecak [플레짜ㅋ] *r. m.* 배낭을

samochód [사모후ㅌ] *r. m.* 자동차를

telefon [텔레폰] *r. m.* 휴대폰을

komputer [콤푸테ㄹ] *r. m.* 컴퓨터를

단어

ukradziono
[우크라지오노] 도난

portfel [포르트펠] *r. m.* 지갑을

즈구비웸　　　즈구비왐　　　파슈포르트
Zgubiłem/Zgubiłam paszport.

여권을 분실했어요.

조스타비웸　　　　조스타비왐　　　파슈포르트　ㅎ　　포총구
Zostawiłem/Zostawiłam paszport w pociągu.

제 여권을 기차에 두고 왔어요.

젭수우　미　시엥　　사모후트
Zepsuł mi się samochód.

제 차가 고장 났어요.

포모쯔
Pomocy!

도와주세요!

 엿보기 단어

zgubiłem/zgubiłam [즈구비웸/즈구비왐]
(남/여) (나는) 분실 했다

paszport [파슈포르트] *r. m.* 여권

zostawiłem/zostawiłam
[조스타비웸/조스타비왐] (남/여) (나는) 두고 왔다

zepsuł się [젭수우 시엥] (그) 고장났다

① _____ 분실했어요.

Zgubiłem/Zgubiłam   .

⟶ portfel [포르트펠] *r. m.* 지갑을
telefon [텔레폰] *r. m.* 휴대폰을
klucz [클루츠] *r. m.* 열쇠를

② 제 물건을 _____ 에 두고 왔어요.

Zostawiłem/Zostawiłam moje rzeczy w   .

hotelu [호텔루] *r. m.* 호텔에서
taksówce [탁수흐쩨] *r. ż.* 택시에서
metrze [메트세] *r. m.* 지하철에서
autobusie [아우토부시에] *r. m.* 버스에서

③ _____ (이/가) 고장 났어요.

Zepsuł mi się   .

⟶ telefon [텔레폰] *r. m.* 휴대폰
komputer [콤푸테르] *r. m.* 컴퓨터
laptop [랍토프] *r. m.* 노트북

우크라지오노　미　포르트펠

Ukradziono mi portfel.

지갑을 도난당했어요.

무시　판　파니　이시치　나　폴리찌엥

➡ **Musi pan/pani iść na policję.**　　　경찰서에 가셔야 해요.

무시　판　파니　토　즈궈시치　브　암바사지에　레푸블리키　코레이

➡ **Musi pan/pani to zgłosić w Ambasadzie Republiki Korei.**

한국 대사관에 신고하셔야 해요.

즈구비웸　즈구비왐　파슈포르트

Zgubiłem/Zgubiłam paszport.

여권을 분실했어요.

그지에　이　키에드　즈구비우　판　즈구비와　파니　포르트펠

➡ **Gdzie i kiedy zgubił pan/zgubiła pani portfel.**

언제 어디서 지갑을 잃어버렸나요?

약　브글론다우

➡ **Jak wyglądał?**　　　어떻게 생겼어요?

병원/약국 이용하기

🎧 02-39

여행 중 사건 사고는 예고 없이 찾아옵니다. 약국에 가야 하는 상황도 종종 발생하며, 치료가 필요한 상황 등 다양한 사건들이 발생합니다. 긴급 상황 시 필요한 필수 표현들을 익혀보세요.

핵심 표현

츠 예스트 쪼시 나 불 귀브
Czy jest coś na ból głowy?

두통에 먹는 약 있나요?

단어를 바꿔서 표현해 보세요.

- niestrawność [니에스트라브노시치] *r. ż.* 소화 불량을
- biegunkę [비에군켐] *r. ż.* 설사를
- zaparcia [자파르치아] *r. n.* 변비들을
- przeziębienie [프셰지엥비에니에] *r. n.* 감기를
- grypę [그르펭] *r. ż.* 독감을

단어

coś [쪼시] 무언가
ból głowy [불 귀브] 두통

프로셍　베즈바치　카레트켕

Proszę wezwać karetkę!

구급차를 불러주세요!

일레　라즈　지엔니에　맘　브라치　토　레카스트보

Ile razy dziennie mam brać to lekarstwo?

이 약을 하루에 몇 번 복용해야 하나요?

＊ brać : 영어의 take와 같은 의미입니다.

맘　카셸

Mam kaszel.

기침이 나요.

포프로셍　반다쉬

Poproszę bandaż.

붕대 주세요.

 엿보기 단어

wezwać [베즈바치] 부르다	lekarstwo [레카스트보] *r. n.* 약
karetkę [카레트켕] *r. ż.* 구급차를	mam [맘] (나는) 가지다
dziennie [지엔니에] 하루에	kaszel [카셸] *r. m.* 기침을
brać lekarstwo [브라치 레카스트보] 약을 복용하다	

① _____ 불러주세요!

Proszę wezwać _____!

  ↳ policję [폴리찌엥] _r. ż._ 경찰을
   straż pożarną [스트라쉬 포자르농] _r. ż._ 소방차를

② _____ (이/가) 나요.

Mam _____.

  ↳ katar [카타르] _r. m._ 콧물을
   gorączkę = temperaturę [고롱츠켕=템페라투렝] 열을
   biegunkę [비에군켕] _r. ż._ 설사를
   nudności [누드노시치] 구역질

③ _____ 주세요.

Poproszę _____.

  ↳ maść [마시치] _r. ż._ 연고를
   plastry [플라스트르] _r. m._ 밴드를
   wodę utlenioną [보뎅 우틀레뇨농] _r. ż._ 과산화수소를
   środek odkażający [시로데크 오트카자이옹쯔] _r. m._ 소독제를
   tabletki na trawienie [타블레트키 나 트라비에니에] _r. ż._ 소화제를

조 파누 파니 돌레가
Co panu/pani dolega?

어떤 증상이 있나요?

볼리 므니에 궈바
➡ **Boli mnie głowa.**   머리가 아파요.

맘 카셀
➡ **Mam kaszel.**   기침이 나요.

일레 라즈 지엔니에 맘 브라치 토 레카르스트보
Ile razy dziennie mam brać to lekarstwo?

이 약을 하루에 몇 번 복용해야 하나요?

프로솅 프세이모바치 토 레카르스트보 트쉬 라즈 지엔니에
➡ **Proszę przyjmować to lekarstwo trzy razy dziennie.**

이 약을 하루에 3번 드세요.

포로쉬엥 프세이모바치 라스 지엔니에
➡ **Proszę przyjmować raz dziennie.** 이 약을 하루에 한 번 드세요.

폴란드 약국

폴란드의 슈퍼마켓과 편의시설(kiosk)에서는 처방전 없이 다양한 진통제와 비타민, 감기약 등을 쉽게 구매할 수 있습니다. 대부분의 약국(apteka)은 오전 7시~오후 6시까지 운영하지만, 쇼핑몰 안의 약국은 오전 10시~밤 10시까지 더 긴 시간 동안 영업합니다. 쇼핑몰 외부의 약국들은 야간 및 일요일과 공휴일에는 지역별 순번제로 운영되거나 일부만 문을 열기 때문에, 휴일에 약국 방문이 필요하다면 미리 확인하는 것이 좋습니다. 호텔에 머무는 경우라면 리셉션에서 도움을 요청할 수 있으며, GdziePoLek [그지에포레크]이라는 앱을 통해서도 영업 중인 약국을 찾을 수 있습니다.

● 약과 구급품

lek na ból głowy [레크 나 불 귀브] 두통약	opatrunek [오파트루네크] 파스
lek na migrenę [레크 나 미그레넹] 편두통 약	plastry [플라스트르] 밴드
suplementy [수플레멘트] 보충제	bandaż [반다쉬] 붕대
tabletki na trawienie [타블레트키 나 트라비에니에] 소화제	
środek przeciwbólowy [시로데크 프세치흐불로브] 진통제	

포프로셍　아파프
Poproszę Apap.　　　아파프(진통제) 주세요.

포프로셍　베르딘
Poproszę Verdin.　　　베르딘(소화제) 주세요.

처방전이 필요한 약의 경우, 약사가 처방전이 있는지 물어봅니다.

츠　마　판　파니　레쩹텡
Czy ma pan/pani receptę?

처방전이 있나요?

긴급상황 대처법

● 응급 상황

폴란드에서 응급 상황 발생 시 112나 999로 긴급 전화를 할 수 있습니다. 생명을 위협하는 상황에서 부르는 구급차는 폴란드 국민건강기금(NFZ)이 비용을 지불하므로 국민 보험에 가입하지 않았어도 무료로 이용할 수 있습니다. 응급실(SOR)에서는 환자를 위급한 상태에 따라 순차적으로 치료하므로 대기 시간이 길어질 수 있습니다. 한국에서 미리 여행 보험에 가입했다면, 퇴원 시 영수증과 의사 소견서를 반드시 발급받아야 합니다.

유럽 연합 전역에서 유효한 긴급 번호 : 112
응급 서비스 번호 : 999

wyniki badań [브니키 바다인] 검사 결과

zaświadczenie lekarskie [자시비아트체니에 레카르스키에] 진단서

wypis ze szpitala [브피즈 제 슈피탈라] 퇴원 확인증

paragon [파라곤] 영수증

● 도난 & 분실 상황

여행 중 ID 카드, 운전면허증, 여권 및 기타 신분증 도난이나 분실은 개인정보가 범죄 목적으로 사용되는 등 여러 가지 좋지 않은 상황으로 이어질 수 있습니다. 특히 여권이나 신분증을 도난당한 경우에는 즉시 경찰 및 영사관이나 대사관에 신고해야 합니다. 도난당한 날짜, 장소, 신분증에 대한 설명 및 연락처에 대한 정보를 포함하여 가능한 모든 정보를 제공한 후, 새 여권을 발급받습니다.

암바사다　레푸블리키　코레이　흐　폴스쩨

주폴란드 대한민국 대사관 : **Ambasada Republiki Korei w Polsce**

전화번호 : (48-22) 559-2900~04

홈페이지 : overseas.mofa.go.kr/pl-ko/index.do

비즈니스 표현 1 (일정 잡기)

🎧 02-41

비즈니스에서 업체와 미팅 전 메일이나 전화로 서로의 일정을 조율하여 날짜를 잡는 것은 기본 예의입니다. 비즈니스에서 이루어지는 모든 표현은 공식적인 상황에서 쓰이는 존댓말을 사용합니다.

핵심 표현

흐차우븜 　　　　　 흐차와븜 　　　　우무비치　시엥　나　스포트카니에

Chciałbym/Chciałabym umówić się na spotkanie.

미팅 일정을 잡고 싶습니다.

단어를 바꿔서 표현해 보세요.

- konferencję [콘페렌찌엥] *r. ż.* 회의를
- prezentację [프레젠타찌엥] *r. ż.* 발표를
- rozmowę [로즈모벵] *r. ż.* 대화를, 면접을
- obiad [오비아드] *r. m.* 점심을
- kolację [콜라쯔이엥] *r. ż.* 저녁을

단어

umówić się [우무비치 시엥]
약속하다, 정하다

Tip　● 미팅 일정 조율이 어려운 시즌

휴가철과 연말 및 명절 기간에는 미팅 일정을 조율하는 데 어려움을 겪기 때문에 부득이한 경우가 아니라면 피하는 것이 좋습니다. 폴란드의 휴가철은 한국과 마찬가지로 주로 7월과 8월에 있으며, 부활절 역시 중요한 명절 중 하나로 보통 3월 말에서 4월 사이에 있지만 해마다 날짜가 다르기 때문에 미리 확인하고 미팅 일정을 정하는 것이 좋습니다.

츠　　오드포비아다　　파누　　파니　　프쉬슈와　　시로다

Czy odpowiada panu/pani przyszła środa?

다음 주 수요일 괜찮습니까?

오드포비아다　　미　텐　테르민

Odpowiada mi ten termin.

이 일정이 좋습니다.

프로포누엥　　스포트카니에　우 므니에　브　비우제

Proponuję spotkanie u mnie w biurze.

제 사무실에서 뵐까요? (직역: 제 사무실에서 만나는 것을 제안합니다.)

흐차우븜　　흐차와븜　　포트비에르지치　　스포트카니에

Chciałbym/Chciałabym potwierdzić spotkanie.

미팅 일정을 확인하고 싶습니다.

 엿보기 단어

odpowiada [오드포비아다] (그/그녀/이것) 알맞다　　w biurze [브 비우제] *r. n.* 사무실에서

termin [테르민] *r. m.* 일정　　potwierdzić [포트비에르지치] 확인하다

빈 칸에 다양한 어휘를 넣어 보세요.

① _____ 괜찮습니까?

Czy odpowiada panu/pani _____ ?

przyszły poniedziałek [프쉬슈으 포니에지아웨크] *r. m.* 다음 주 월요일
przyszły wtorek [프쉬슈으 프토레크] *r. m.* 다음 주 화요일
ta środa [타 시로다] *r. ż.* 이번 주 수요일
ten czwartek [텐 츠파르테크] *r. m.* 이번 주 목요일

② _____ 뵐까요?

Proponuję spotkanie _____ ?

u pana w biurze [우 파나 브 비우제] 당신의 사무실에서 (남)
u pani w biurze [우 파니 브 비우제] 당신의 사무실에서 (여)
w sali konferencyjnej [ㅎ 살리 콘페렌쯔이네이] 회의실에서
w hotelu [ㅎ 호텔루] 호텔에서

③ _____ 일정을 확인하고 싶습니다.

Chciałbym/Chciałabym potwierdzić _____ .

konferencję [콘페렌찌엥] *r. ż.* 회의를
rozmowę [로즈모벵] *r. ż.* 대화를
wizytę [비즈텡] *r. ż.* 방문을

츠　　오드포비아다　　파누　　파니　　프쉬슈와　　시로다

Czy odpowiada panu/pani przyszła środa?

다음 주 수요일 괜찮습니까?

탁　　오드포비아다　미　텐　테르민

➡ **Tak, odpowiada mi ten termin.**　　네, 이 일정이 좋습니다.

니에스테트　브　　프쉬슈음　　트고드니우　예스템　바르조　자옝트

➡ **Niestety, w przyszłym tygodniu jestem bardzo zajęty.**

안타깝게도, 다음 주는 너무 바쁩니다.

흐차우븜　　　　흐차와븜　　　포트비에르지치　　스포트카니에

Chciałbym/Chciałabym potwierdzić spotkanie.

미팅 일정을 확인하고 싶습니다.

탁　　비지므　시엠　유트로　오　예데나스테이

➡ **Tak, widzimy się jutro o jedenastej.**　　네, 내일 11시에 뵙겠습니다.

니에스테트　알레　무솅　프셰워지치　스포트카니에

➡ **Niestety, ale muszę przełożyć spotkanie.**

안타깝지만, 미팅을 연기해야 합니다.

비즈니스 표현 2 (일정 변경)

🎧 02-43

비즈니스 환경에서는 다양한 이유로 예상치 못한 변수가 발생할 수 있습니다. 일정을 변경해야 할 경우, 며칠 전에 미리 상대방에게 양해를 구하고 일정을 조정하는 것이 비즈니스 매너입니다. 일정 변경과 관련된 표현을 익혀보세요.

핵심 표현

흐차우븜　　　　흐차와븜　　　　프세워지치　　　스포트카니에

Chciałbym/Chciałabym przełożyć spotkanie.

미팅을 연기하고 싶습니다.

단어를 바꿔서 표현해 보세요.

- **zebranie** [제브라니에] *r. n.* 회의를
- **naradę** [나라뎀] *r. ż.* 협의를
- **wideokonferencję** [비데오콘페렌찌엥] *r. ż.* 화상회의를
- **lunch** [란치] *r. m.* 런치를
  ↳ obiad (점심)보다 가벼운 식사를 의미합니다.

단어

przełożyć [프세워지치]
연기하다

니에스테트　알레　무솅　프셰워지치　스포트카니에

Niestety, ale muszę przełożyć spotkanie.

안타깝지만, 미팅을 연기해야 합니다.

츠　모글리브시므　프셰니에시치　스포트카니에　나　인느　테르민

Czy moglibyśmy przenieść spotkanie na inny termin?

미팅을 다른 날로 옮길 수 있나요?

츠　마　판　파니　인네　볼네　테르미느

Czy ma pan/pani inne wolne terminy?

다른 빈 날 있나요?

츠　모제므　스포트카치　시엥　트로헹　프체시니에이　푸지니에이

Czy możemy spotkać się trochę wcześniej/później?

조금 더 일찍/늦게 만날 수 있나요?

 엿보기 단어

przenieść [프셰니에시치] 옮기다
inny/inna/inne [인느/인나/인네] 다른
termin [테르민] *r. m.* 일정
wolny/wolna/wolne [볼느/볼나/볼네] 빈

trochę [트로헹] 조금
wcześniej [프체시니에이] 일찍
później [푸지니에이] 늦게

1 안타깝지만, _____ 연기해야 합니다.

Niestety, ale muszę przełożyć _____.

⤷ konferencję [콘페렌찌엥] *r. ż.* 회의를
  wizytę [비즈텡] *r. ż.* 방문을
  lekcję [렉찌엥] *r. ż.* 수업을

2 미팅을 _____ (로) 옮길 수 있나요?

Czy moglibyśmy przenieść spotkanie na _____?

przyszły wtorek [프쉬슈으 프토레ㅋ] 다음 주 화요일을
przyszłą środę [프쉬슈옹 시로뎅] 다음 주 수요일을
przyszły czwartek [프쉬슈으 츠파르테ㅋ] 다음 주 목요일을
przyszły piątek [프쉬슈으 피옹테ㅋ] 다음 주 금요일을

3 미팅을 _____ 고 싶습니다.

Chciałbym/Chciałabym _____ **spotkanie.**

⤷ odwołać [오드보와치] 취소하다
  przenieść [프셰니에시치] 옮기다

츠　마　판　파니　인네　볼네　테르미느

Czy ma pan/pani inne wolne terminy?

다른 빈 날 있나요?

탁　　오츠뷔시체　　키에드　파누　파니　오드포비아다

→ **Tak, oczywiście. Kiedy panu/pani odpowiada?**

네, 물론이죠. 언제가 괜찮으세요?

니에스테트　알레　ㅎ　프쉬슈음　트고드니우　니에　맘　차수

→ **Niestety, ale w przyszłym tygodniu nie mam czasu.**

안타깝지만, 다음 주는 시간이 없습니다.

츠　　모제므　스포트카치　시엥　트로헹　프체시니에이　푸지니에이

Czy możemy spotkać się trochę wcześniej/później?

조금 더 일찍/늦게 만날 수 있나요?

탁　니에　마　프로블레무

→ **Tak, nie ma problemu.**　　　　　　네, 문제 없습니다.

니에스테트　알레　흐체시니에이　맘　인네　스포트카니에

→ **Niestety, ale wcześniej mam inne spotkanie.**

안타깝지만, 전에 다른 미팅이 있습니다.

비즈니스 표현 3 (자기소개)

🎧 02-45

비즈니스에서 자신을 소개할 때도 'Jestem ~.' 표현을 사용한 「Jestem + 직위」 구조를 활용할 수 있습니다. 비즈니스에서 자주 쓰이는 자기소개 표현을 익혀보세요.

핵심 표현

예스템 　　　　　　 드레크토렘

Jestem dyrektorem.

저는 대표입니다.

단어를 바꿔서 표현해 보세요.

dyrektorem kreatywnym [드레크토렘 크레아트브늠]

r. m. 크리에이티브 디렉터(이다)

kierownikiem [키에로브니키엠] *r. m.* 과장(이다)

liderem zespołu [리데렘 제스포우우] *r. m.* 팀장(이다)

menadżerem [메나제렘] *r. m.* 매니저(이다)

zastępcą [자스템프쫑] *r. m.* 대리(이다)

pracownikiem [프라쪼브니키엠] *r. m.* 사원/직원(이다)

단어

dyrektorem [드레크토렘]
r. m. 대표이다

Tip

자신을 소개할 때, zastępcą와 pracownikiem 경우에는 뒤에 '대상'과 '직장'을 넣어 누구의 대리인지, 어디의 직원인지를 명확히 보여주는 것이 좋습니다.

zastępcą + 대상 : **zastępcą dyrektora** [자스템프쫑 드레크토라] 대표님의 대리인(이다)

pracownikiem + 직장 : **pracownikiem banku** [프라쪼브니키엠 방쿠] 은행의 직원(이다)

프라쭈엥 ㅎ 테이 휘르미에 드바 라타

Pracuję w tej firmie dwa lata.

저는 이 회사에서 2년 동안 일하고 있습니다.

휘르마 자이무예 시엥 도라쯔트벰

Firma zajmuje się doradztwem.

회사에서 컨설팅을 진행합니다.

오브로트 휘르므 브노숑 지에시엥치 밀리요누ㅎ 즈워트ㅎ

Obroty firmy wynoszą dziesięć milionów złotych.

회사의 매출액은 1,000만 즈워티입니다.

휘르마 자트루드니아 스투 프라쪼브니쿠ㅎ

Firma zatrudnia stu pracowników.

회사는 100명의 직원을 고용하고 있습니다.

 엿보기 단어

---

pracuję [프라쭈엥] (나는) 일하다
w firmie [ㅎ 휘르미에] *r. ż.* 회사에서
zajmuje się [자이무예 시엥]
(그/그녀/이것) 돌보다, 다루다
doradztwem [도라쯔트벰] *r. m.* 컨설팅으로

obroty [오브로트] *r. m.* 매출액들
wynoszą [브노숑] (그들은) 도달하다
zatrudnia [자트루드니아] (그/그녀/이것) 고용하다
pracowników [프라쪼브니쿠ㅎ] *r. m.* 직원들을

① 저는 이 회사에서 _____ 동안 일하고 있습니다.

Pracuję w tej firmie _____.

> ┈▸ rok [로ㅋ] 일 년, 한 해
> trzy lata [트쉬 라타] 3년
> cztery lata [츠테르 라타] 4년
> pięć lat [피엥치 라트] 5년

② 회사에서 _____ (을/를) 진행합니다.

Firma zajmuje się _____.

> ┈▸ inwestycjami [인베스트찌아미] *r.ż.* 투자로
> logistyką [로기스트콩] *r.ż.* 물류로
> produkcją [프로두크찌옹] *r.ż.* 생산으로

③ 회사는 _____ (명의) 직원을 고용하고 있습니다.

Firma zatrudnia _____ pracowników.

> ┈▸ dwustu [드부스투] 200
> trzystu [트쉬스투] 300
> czterystu [츠테르스투] 400
> pięciuset [피엥츄세트] 500
> tysiąc [트숀짜] 1,000

질문과 답변은 어떤 것들이 있을까요?

약 두우고 프라쭈예 판 파니 ㅎ 테이 휘르미에

Jak długo pracuje pan/pani w tej firmie?

이 회사에서 몇 년 동안 일하고 있나요?

프라쭈엥 ㅎ 테이 휘르미에 로크

⇒ **Pracuję w tej fimie rok.**   저는 이 회사에서 1년 동안 일하고 있습니다.

프라쭈엥 ㅎ 테이 휘르미에 지에시엥치 라트

⇒ **Pracuję w tej firmie dziesięć lat.**

저는 이 회사에서 10년 동안 일하고 있습니다.

야키 오브로트 마 파나 파니 휘르마

Jakie obroty ma pana/pani firma?

이 회사의 매출액은 얼마인가요?

오브로트 휘르므 브노숑 지에시엥치 밀리오누ㅎ 즈워트ㅎ

⇒ **Obroty firmy wynoszą dziesięć milionów złotych.**

회사의 매출액은 1,000만 즈워티입니다.

오브로트 휘르므 브노숑 밀리아르드 즈워트ㅎ

⇒ **Obroty firmy wynoszą miliard złotych.**

회사의 매출액은 10억 즈워티입니다.

비즈니스 표현 4 (Small talk)

🎧 02-47

사회적 대화 능력은 비즈니스 분야에서 매우 중요합니다. 폴란드의 비즈니스 미팅은 보통 가벼운 대화인 스몰 토크로 시작합니다. 주로 날씨, 일상 생활, 취미나 관심사 등에 대한 이야기입니다. 스몰 토크에 자주 쓰이는 표현들을 익혀보세요.

핵심 표현

지샤이　　　　예스트　　　　바르조　　　　치에푸워

Dzisiaj jest bardzo ciepło.

오늘은 더워요.

단어를 바꿔서 표현해 보세요.

- bardzo zimno [바르조 짐노] 매우 춥게
- chłodno [흐워드노] 춥게, 쌀쌀하게
- bardzo słonecznie [바르조 스워네츠니에] 매우 맑음
- bardzo pochmurno [바르조 포흐무르노] 매우 흐림
- bardzo ładna pogoda [바로즈 와드나 포고다] 매우 좋은 날씨
- bardzo brzydka pogoda [바르조 브쥐드카 포고다] 매우 나쁜 날씨

단어

ciepło [치에푸워] 덥게

Tip

● ale

ale는 '하지만, 그러나'의 뜻이지만, 감탄문 앞에 위치할 경우 '정말, 얼마나'의 의미를 나타냅니다. 특히 날씨에 대한 대화에서 자주 쓰입니다.

Ale dzisiaj zimno! [알레 지샤이 짐노]　　　오늘 정말 춥네요!

Ale brzydka pogoda! [알레 브쥐드카 포고다]　　날씨가 정말 안 좋네요!

ㅎ 폴스쩨 예스트 치에플레이 니쉬 ㅎ 코레이
W Polsce jest cieplej niż w Korei.

폴란드는 한국 보다 따뜻해요.

토 무이 피에르브쉬 라스 ㅎ 폴스쩨
To mój pierwszy raz w Polsce.

폴란드는 처음이에요.

츠 브우 판 브와 파니 키에드시 ㅎ 코레이
Czy był pan/była pani kiedyś w Korei?

한국에 가본 적이 있나요?

바르조 루비엥 폴스콩 쿠흐니엥
Bardzo lubię polską kuchnię.

폴란드 요리를 매우 좋아합니다.

 **엿보기 단어**

w Polsce [ㅎ 폴스쩨] *r. ż.* 폴란드에서   kiedyś [키에드시] 언제나

pierwszy raz [피에르브쉬 라스] 첫 번째   kuchnię [쿠흐니엥] *r. ż.* 요리를, 부엌을

był/była [브우/브와] (그는/그녀는) 이였다/있었다

① 폴란드는 한국 보다 _____ .

W Polsce jest _____ niż w Korei.

> chłodniej [흐워드니에이] 더 춥게
>
> mniej wilgotno [므니에이 빌고트노] 더 습하지 않게
>
> zimniej [짐니에이] 더 매우 춥게

② 폴란드는 _____ 이에요.

To mój _____ raz w Polsce.

> drugi [드루기] 두 번째
>
> trzeci [트세치] 세 번째
>
> czwarty [츠파르트] 네 번째

③ _____ 매우 좋아합니다.

Bardzo lubię _____ .

> muzykę Chopina [무즈켕 쇼페나] r. ż. 쇼팽의 음악을
>
> polską ceramikę [폴스콩 쩨라미켕] r. ż. 폴란드 그릇을
>
> polski alkohol [폴스키 알코홀] r. n. 폴란드 술을

츠　브우　판　브와　파니　유쉬　키에드시　ㅎ　폴스쩨

Czy był pan/była pani już kiedyś w Polsce?

폴란드에 가본 적이 있나요?

토　무이　페에르브쉬　라스　ㅎ　폴스쩨

➡ **To mój pierwszy raz w Polsce.**　　폴란드는 처음이에요.

브웸　브왐　유쉬　킬카　라즈　ㅎ　폴스쩨

➡ **Byłem/Byłam już kilka razy w Polsce.**

폴란드에 가본 적이 있습니다.

츠　브우　판　브와　파니　키에드시　ㅎ　코레이

Czy był pan/była pani kiedyś w Korei?

한국에 가본 적이 있나요?

니에스테트　니에

➡ **Niestety nie.**　　안타깝게도 없어요.

탁　브웸　브왐　ㅎ　코레이

➡ **Tak, byłem/byłam w Korei.**　　네, 한국에 가본 적이 있습니다.

폴란드 비즈니스 문화

● 미팅 복장

폴란드에서는 미팅할 때 반드시 정장 차림으로 미팅에 참석해야 합니다. 남자는 정장이나 재킷과 바지 그리고 셔츠와 넥타이를 착용합니다. 여성의 경우 클래식 비즈니스 정장이나 드레스(화려한 색이 아닌 어두운 계열)을 착용합니다.

● 미팅 전 인사

업체와의 첫 만남에서는 눈을 맞추며 이름을 밝히고, 강하면서도 절도 있게 악수합니다. 악수할 때는 항상 아이 콘택트를 하는 것이 포인트입니다. 같은 성별 끼리든, 다른 성별이든 모두 악수로 인사합니다. 그리고 남성은 여성이 손을 내밀 때까지 기다려야 하며, 참석 인원이 많아도 한 명씩 모두 악수로 인사합니다. 일부 지위가 높은 사람들은 악수를 청할 때 양손을 사용하는 경우가 있는데, 상대방에게 긍정적인 태도와 좋은 성품을 보여주기 위함입니다.

● 명함 교환

비즈니스 시 사용하는 폴란드인들의 명함은 한쪽은 폴란드어, 반대쪽은 영어로 표기되어 있는 것이 일반적입니다. 폴란드어가 없더라도 영어로 표기되어 있다면 문제 되지 않습니다. 명함 교환은 보통 미팅 시작 전에 주고받지만, 미팅이 끝날 때 교환하는 경우도 있습니다. 교환할 때는 높은 계급부터 시작하며, 상대가 바로 읽을 수 있도록 상대방의 방향으로 수평이 되게 전달합니다. 명함을 받은 후에는 바로 지갑이나 주머니에 넣는 것은 무례한 행동이므로 삼가는 것이 좋습니다.

● 미팅 중 대화

미팅의 시작은 스몰 토크로 시작합니다. 상대방의 긴장을 풀어주며 비즈니스 파트너로서 깊은 관계를 형성하기 위함입니다. 미팅 시간은 엄수하는 것이 좋습니다. 미팅 시간에 늦는 것은 매우 큰 실례가 될 수 있습니다. 미팅 중 폴란드인들은 자신의 기분을 숨기지 않고 직설적으로 표현하는 경향이 있습니다. 논의 중 주저 없이 '아니오'라고 반대 의견을 강하게 표출하는 경우가 있는데, 이것은 무례한 행동이 아닌 폴란드인들의 비즈니스 방식입니다. 대화할 때 눈 맞춤을 피하는 행동은 상대가 숨기는 것이 있다고 여길 수도 있으므로 대화 중 아이 콘택트는 매우 중요합니다.

● 미팅 후 식사

비즈니스 미팅은 보통 비즈니스 식사로 이어집니다. 파트너를 고급 레스토랑에 초대하여 식사를 대접하는 것이 관례입니다. 상하관계를 따지지 않고 자유롭게 앉는 것이 일반적이지만, 지정된 좌석으로 안내하는 경우도 있습니다. 폴란드에서는 레이디 퍼스트 문화가 있기 때문에 여성이 먼저 앉고 그 후에 남성이 뒤따라 앉는 것이 매너입니다. 자유롭게 메뉴를 고를 수도 있지만, 폴란드 음식을 잘 모르는 경우에는 추천을 부탁하는 것이 좋습니다. 식사 자리에서 가장 직급이 높은 사람이 '맛있게 드세요.(Smacznego.)'라고 말하면 식사가 시작됩니다. 식사 도중 간단하게 술을 마실 수도 있습니다. 건배는 술잔을 들고 '건배!(Na zdrowie!)'라고 말합니다. 건배하는 사람은 잔을 마주치게 할 수도 있고 잔만 들고 '건배!'라고만 말할 수도 있습니다. 이때도 앞에 있는 상대와 눈을 맞추며 건배합니다.